KB270683

개정판

죽음 이후 사후세계의 비밀

개정판

죽음 이후 사후세계의 비밀

환생하기 전, 영혼은 무엇을 할까?

슈카이브 지음

아이엠

죽기 전에 꼭 알아야 할 사후세계의 비밀

영성에 눈뜨기 전까지만 해도 나는 인간으로서 누리는 삶이 전부라고 여겼다. 우리 집안 전체가 기독교를 믿지만, 사람이 죽은 후 가게 되는 사후세계에 대해선 알지 못했다. 나는 그동안 살면서 보통 사람들은 경험하지 못할 힘든 시련을 거듭 겪어야 했다. 그러다 스물여덟 살 때 아버지가 경제적인 문제로 세상을 버리셨고, 그 후 생(生)과 사(死)에 대해 의문을 가지기 시작했다.

신은 어떤 존재인가? 천국과 지옥은 있는가? 종교를 믿는데도 왜 다들 가난하고 불행하게 살까? 죽어서 가는 사후세계는 어떤 모습일까?

30대 시절, 너무나 소중한 사람이 죽는 꿈을 꾼 적이 있다. 꿈은 그분의 병명까지 알려주었다. 그분은 안타깝게도 그 병으로 세상을 떠났다. 정말 내가 꾼 꿈대로 일이 벌어진 것이다. 너무나 충격적이었다. 이 일은 내 삶을 뒤흔들어 놓았다. 내 인생에서 일어난 가장 큰 지진과도 같았다. 이때부터 나는 의식과 영성, 사후세계를 설파하는 특별한 책들을 닥치는 대로 읽기 시작했다. 그 책들이 공통으로 언급하는 부분들을 깊이 파고들었다. 그러자 사후세계의 원리와 이치에 조금씩 눈이 뜨이기 시작했다.

그동안 나는 수차례 전생과 사후세계에 대한 영적인 체험을 했다. 몇 년 전에는 꿈을 통해 100년 전의 내 전생을 들여다볼 수 있었는데, 미국 뉴올리언스의 한 흑인으로 살고 있었다. 나를 낳아준 흑인 아버지와 어머니도 보았는데 너무나 익숙한 얼굴들이었다. 꿈에서 깨어나고 나서도 흑인 부모님이 그리워 한참이나 울었던 기억이 있다.

나는 성당에서 말하는 '연옥'이라는 곳에서 일어나는 일들도 보고 왔다. 이외에도 죽은 사람들이 저승으로 가기 위해 반드시 통과해야 하는 건물 입구까지 갔다가 돌아온 적도 있다. 나와 오랫동안 함께했던 사람들은 신기해하면서 놀라기도 한다. 내가 어떤 꿈을 꾸고 나면 그 일이 다음 날 아니면 며칠 후 그대로 현실에서 일어난다면서.

한 가지 꿈이 기억난다. 한 여직원이 남편 일로 우리 회사를 퇴사하는 꿈이었다. 나는 꿈속의 그 여직원과 다른 직원들이 있는 데서 그 꿈 이야기를 했다. 그 여직원은 대표님을 끝까지 따르겠다고, 절대 그런 일은 없을 거라고 장담했다. 그런데 여름 휴가차 해외여행을 다녀온 그 여직원은 출근해야 하는 날 새벽 장문의 메일을 보내왔다. 남편의 권유로 친척과 함께 사업을 하기로 했다며 회사를 그만두겠다는 내용이었다. 그 여직원이 그만둔다는 게 무척 아쉽기는 했지만, 꿈을 통해 미리 알고 있었던 일이어서 나는 그러려니 했다. 당시 함께 있었던 여러 직원이 내 꿈이 그대로 현실이 되는 것을 보곤 다시금 놀라던 모습이 생생하다.

나는 오래전부터 나를 비롯해 많은 사람이 궁금해하는, 죽음 이후의 사후세계의 비밀을 풀어주는 책을 쓰고 싶었다. 우리는 현생을 살기 전 사후세계에서 이번 삶을 계획했지만, 육체를 입고 환생하면서 망각하고 말았다. 이유는, 전생과 사후세계의 일들이 전부 기억나면 혼란스러워서 이번 생에 집중하지 못할 것이기 때문이다. 하지만 우리는 현생을 살면서 환생하기 전의 영혼 세계에 대해 배워야 한다. 생과 사는 동전의 양면과 같다. 죽음을 두려워하는 사람은 현재의 삶을 제대로 살 수 없다. 죽음에 대한 두려움 때문에 이번 생에서 자신이 꼭 성취해야 하는 일들에 에너지를 쏟지 못한다. 그보단 종교 단체에 많은 시간과 돈과 에너지를 쏟아부을 것이기 때문이다. 죽음 이후의 사후세계에 대해 아는 사람에게 죽음은 더는 두렵지 않다. 죽음이란 단지 이승(지상계)에서 저승(영계, 사후세계)으로 순간이동 하는 것에 지나지 않기 때문이다. 죽음이 두렵지 않은 사람은 삶에서 겪는 시련들을 영혼의 성장을 위한 '장애물 넘기' 정도로 여긴다.

영혼의 세계에선 우리가 사는 행성 지구를 '훈련소'로 여긴다. 이곳에서 사는 모든 영혼은 생도(生徒)이며, 다양한 경험을 통해 지혜와 깨달음을 얻는다. 이 과정에서 영혼의 성장과 영적 진보가 이루어지는 것이다. 우리에게 이번 생이 주어진 것은 절대 우연이 아니다. 사후세계에 있을 때 우리 스스로가 이번 삶을 살 것이라 선택했기 때문이다. 특별한 목적을 성취하기 위해 바로 지금 이때 행성 지구의 이곳에 태어난 것이다.

살다 보면 때로 외롭거나 괴로울 때도 있다. 주변에 자신을 도와줄 사람 하나 없다는 생각에 생을 버리고 싶은 생각이 굴뚝같을 때도 있다. 이럴 때 우리가 되새기고 기억해야 할 것은 자신이 지구에 태어난 목적이다. 그 목적을 찾았을 때 내 삶은 달라지기 시작했다. 내가 겪는 모든 시련이 나의 영적 성장을 위한 훈련이란 것을 깨닫게 되었다.

2023년 8월경 나에게 글쓰기, 책 쓰기 교육을 받은 이미경 작가가 있다. 이분은 그동안 겪은 삶의 경험을 책으로 펴내려고 나를 찾아왔다. 그리고 나에게 교육받은 지 딱 2개월 만에 원고를 완성하고 출판사와 출판 계약에 성공했다. 책은 곧 출간될 예정이다.

내가 프롤로그에 이분을 소개하는 이유는 아주 특별한 내용을 공유하기 위해서다. 그녀는 얼마 전 내가 운영하는 유튜브 채널 〈라엘 - 금성에서 온 남자〉 영상 가운데 '가위에 눌리면 귀신이 보이는 이유' 영상을 보고 잠들었다. 그런데 이날 꿈속에서 유리엘 대천사를 직접 만나 놀라운 예언을 들었다. 그녀는 이 내용을 네이버 카페 〈한책협〉에 직접 올려서 공유했는데, 영적 체험도 해보고 이런 분야의 책도 많이 섭렵한 내가 읽어보니 실로 엄청난 내용이 담겨 있었다. 그래서 이 내용을 독자들에게 꼭 소개하고 싶었다. 귀한 내용을 책에 실을 수 있도록 허락해준 이미경 작가에게 이 지면을 빌려 감사함을 전한다.

　어젯밤 영상을 보다가 잠들었습니다. 놀라운 꿈을 꾸게 되어 공유합니다. 꿈이라기보다는 영적 체험이라고 하는 게 맞겠습니다. 꿈속에서 자신을 유리엘이라고 말하는 대천사를 만났습니다. 하늘로부터 내려온 그의 희고 부드러운 옷자락을 잡고 빠른 속도로 공간이동을 했습니다. 이동하던 그 짧은 순간이 아직도 생생합니다. 알 수 없는 진공 속 음압으로 귀는 먹먹했고, 머릿속은 고압의 전류가 흐르는 듯 찌릿했고, 보이는 것은 엄청난 속도로 지나가는 수많은 빛이었습니다. 눈을 감았는데도 빛이 느껴질 정도였습니다.

　눈을 떴을 때 나는 지구 밖 무한한 우주 공간을 유영하고 있었습니다. 나는 형체가 없는 존재인 듯했습니다. 내 모습을 볼 수가 없었거든요. 대천사 유리엘의 메시지 전달방식은 소리가 아닌, 뇌로 직접 전달되는 파동 또는 울림의 형태였습니다.

　지구는 얇은 구름 막에 싸여 있는 모습이었고, 지구 주변은 무수히 많은, 띠처럼 보이는 물질과 섬처럼 생긴 도시(수많은 UFO로 추측), 그리고 빛과 여러 가지 파장들이 둘러싸고 있는 모습이었습니다.

유리엘은 내게 놀라운 메시지를 전했습니다. 처음 접하는 놀랍고 경이로운 영적 체험이어서 흥분이 가시기 전에 글로 옮겨 봅니다.

〈대천사 유리엘의 메시지〉

1. 지구의 온난화는 왜 일어나는 건가요?

대천사는 우리가 알고 있는 사실과는 다른 이야기를 들려주었습니다. 지구의 온난화는 지구 주변에 포진하고 있는 존재들의 빛과 에너지 때문이라고 합니다. 그들의 높은 에너지로 인해 지구는 팽창하고 있고, 북극의 빙하가 빠른 속도로 녹아내리고 있다고 했습니다. 이런 존재들은 점점 늘어나고 있고, 그럴수록 지구 소멸의 시간은 더 빨리 낭겨질 수 있다고 합니다.

2. 그러면 지구는 어떤 방식으로 소멸하나요?

우리는 지구가 전쟁이나 핵 또는 폭발로 인해 멸망할 거라고 알고 있습니다. 하지만 유리엘이 보여준 지구의 멸망은 달랐습니다. 지구는 차가운 물로 뒤덮일 것입니다. 빙하가 녹아내려 온 천지가 차가운 물에 잠기리라고 합니다. 지구는 더는 초록의 아름다운 별의 모습이 아니었습니다. 지구의 대부분은 검푸른 색으로 변해있고, 더는 빛나지 않았습니다. 그것은 공포 그 자체였습니다.

3. 지구의 모든 생물은 다 수장되거나 사라지나요?

지구의 생물 대부분은 현재의 상태로 존재하지 않는다고 합니다. 어느 곳에 존재할 것인지 선택의 때가 오게 될 것이고, 자연스럽게 알게 된다고 했습니다. 지구에 남겠다고 결정한 존재들은 인간으로 볼 수 없다고 합니다. 그들은 어류나 양서류에 가깝게 퇴화해 아가미로 호흡하고, 심장이 뛰지 않고, 생각이란 걸 하지 않으며, 저차원의 단세포와 같은 형태로 살아간다고 했습니다. 그들은 음식이 아니라 부유물이나 유기물을 통해 에너지를 얻고 최소한의 움직임을 통해 연명하는 생존방식을 보인다고 했습니다.

4. 왜 이런 무서운 이야기를 나에게 들려주는 건가요?

"오랜 기간 너에게 여러 가지 방법으로 시그널을 보냈지만, 너는 두려워하며 외면하고, 부정할 뿐이었다. 그래서 극단적인 방법으로 깨닫게 할 수밖에 없었다. 너는 이미 탄생의 순간부터 선택되었다. 그것은 너의 의지로 바꿀 수 있는 사항이 아니며 기다림의 끝, 때가 된 것일 뿐이다.

네가 최근에 극심한 두통으로 병원을 가게 된 것은 질병 때문이 아니다. 내가 너의 머리에 소통의 통로를 열었고 그에 대한 저항이었다."

5. 원할 때는 언제든 다시 만날 수 있나요?

"인간적인 생각과 마음으로 만날 수 있는 것은 아니다.

나는 어디에나 있고, 어디에도 없다. 너와 내가 소통이 필요한 때는 어떤 방식으로든 깨닫게 되어 있다. 항상 열려 있으라!"

저는 지난 월요일 점심을 먹은 후 극심한 두통으로 인한 구토 증세가 있어 응급실에 실려 갔습니다. 원인이 발견되지 않아 입원 후 CT, MRI, 이석증, 메니에르 등 다양한 검사를 했습니다. 그래도 원인을 찾지 못했습니다. 한 가지 특이점은 머릿속 중앙에 피뢰침 형태의 조그마한 종양(병명은 수막종)이 발견되었다는 것입니다. 크기가 아주 작고 위치도 뇌간(좌뇌와 우뇌 사이 천문지점)이어서 별다른 치료는 필요치 않다는 소견이었습니다.

유리엘을 만나고 영적 체험을 통해 깨닫게 된 사실이 있습니다. 머리를 MRI 검사할 때의 공포와 두려움이 지구 밖으로 공간 이동 할 때와 너무도 흡사하다는 것이었습니다. 유리엘은 아마도 영적 체험과 메시지 전달을 위해 겁많은 저를 미리 훈련하고, 영적 통로를 만들어놓은 것이 아닐까, 하는 생각이 들었습니다.

이 책을 힘든 시기를 보내고 있는 주변 사람들에게 꼭 한 권씩 선물해주기를 바란다. 그들에겐 "힘내라!", "응원한다!"라는 말을 백번 천번 해주기보다 이 책에 담겨 있는, 다음과 같은 사후세계에 대한 지식과 정보, 깨달음이 큰 위로와 용기, 희망이 되어줄 테니까.

슈카이브

목차

1장
사람은 죽으면 어떻게 되는가?

사람은 죽으면 어떻게 되는가?

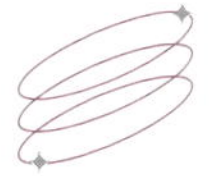

왜 인간은
병을 겪는가?

사람들은 대부분 나이가 들면서 몸이 불편해지고 질병에 걸리게 된다. 대부분은 암이나 치매와 같은 큰 병에 걸려 고통받다가 세상을 떠난다. 인간은 창조주께서 만든 완벽한 존재인데 왜 병에 걸리는 것일까? 먼저 이해할 것은, 병이라는 게 좋다, 나쁘다, 판단할 수 없는 대상이라는 것이다. 인간의 시각에서 무병장수하다 죽으면 좋은 죽음이고, 병을 앓다가 젊은 나이에 죽으면 나쁜 죽음이라 치부된다. 하지만 영적인 측면에서 본다면 어느 쪽이든 사후세계에서 지구라는 학교에 잠시 소풍을 왔다가 다시 사후세계로 돌아가는 것일 뿐이다. 그 이상도 그 이하도 아니다. 다만 지구란 학교에서 무엇을 배우고, 깨닫고, 성취했느냐가 중요하다. 이것이 영혼의 성장과 영적인 진보로 이어지기 때문이다.

현생은 전생과 이어져 있다. 전생에서 자신이 배워야 할 것들을 제대로 배우지 못했다면 이번 생에서 배움을 완수해야 한다. 육체는 영혼이 물질세계에서 생활하기 위해 꼭 필요한 옷과 같다. 그리고 무언가를 창조하거나 이동하거나 할 때 활용하는 기계와 같은 것이다. 우리가 현재 입고 있는 옷처럼 세월이 흐르면 육체 역시 해지고 남루해진다. 그러다 더는 영혼이 거할 수 없을 정도가 되면 육체를 벗고 죽음이라는 관문을 통과하게 된다.

몸에 질병이 생기는 데는 다양한 원인이 있다. 잘못된 생활습관이나 스트레스로 인해 병이 생기기도 한다. 하지만 가장 중요한 원인은 따로 있다. 바로 사후세계에서 그 원인을 찾을 수 있다. 사후세계에서 다음 생을 계획할 때 우리는 영혼의 성장을 위해 스스로 육체적인 결함을 선택한다. 어떤 사람이 전생에서 작은 시련도 두려워하고 도전도 두려워하는 삶을 살았다고 하자. 그러다 보니 지난 생에서 배운 게 거의 없다고 하자. 그러면 그는 자신이 원래 배우고 성취하기로 한 미션을 완수하지 못한 셈이 된다. 이 경우 그 사람은 다음 생에서 장애를 갖고 태어나거나, 살면서 어떤 사고로 인해 장애를 입게 된다.

　2022년 4월경 부산에서 교육공무원으로 근무하는 40대 중반의 한 여성이 나를 찾아왔다. 하반신 마비로 신체가 불편함에도 부산에서 직접 내가 사는 경기도 성남시 분당까지 차를 몰고 온 것이다. 사연을 들어보니, 고등학교 등굣길에 건물에 매달렸던 간판이 떨어져 척추 쪽을 강타당했다고 한다. 그 일로 인해 척추가 손상되어 하반신 마비가 되었다고 했다. 하루아침에 하반신 마비 환자가 된 그녀는 너무나 괴로웠다고 한다. 살고 싶은 생각조차 들지 않을 만큼 매일매일 지옥과 같은 삶을 살았다고 한다. 그러다 시간이 지나 재활 치료를 받으며 다시 세상을 살아갈 용기를 얻었다고 했다.

　그녀는 휠체어를 타고 여러 곳을 여행하기 시작했다. 혼자서 홍콩과 대만 여행을 떠난 것도 그때였다. 그 일을 기화로 그녀의 삶이 달라지기 시작했다. 그녀는 독일과 태국, 도미니카 공화국 등 해외 곳곳을 여행하며 많은 것을 배웠고, 깨달았다고 했다. 그리고 자신의 깨달음을 책으로 내고 싶어 나를 찾아왔다는 것이었다. 너무나 간절하게 책을 쓰고 싶어 내 책과 유튜브 채널에 업로드된 내 영상들을 보곤 바로 차를 몰아 나를 찾아왔다고 했다.

그녀는 내가 운영하는 〈한국책쓰기강사양성협회〉(이하 〈한책협〉)의 5주 책 쓰기 교육 과정에 등록했다. 나는 그녀가 제출한 자기소개서를 면밀하게 읽어 본 후 주제를 기획해주었다. 그러곤 제목과 목차를 만드는 법도 자세하게 알려주었다. 그녀가 제출한 과제를 검토하면서 제목과 목차 구성을 도와주기까지 했다. 그리한 지 4개월이 채 안 된 7월 27일경 《시련은 축복이었습니다》라는 제목의 책이 출간되었다. 그녀가 바로 박혜정 작가다. 많은 사람이 그녀가 쓴 책의 제목이 너무나 가슴에 와닿는다고 말해주었다. 사실 '시련은 축복이었습니다'라는 이 책 제목은 그녀가 제출한 과제를 검토할 때 부족한 부분을 보완해 내가 직접 지어 준 것이었다. 내 생각에 그녀의 삶에서 일어난 시련들이 변형된 축복이었다는 생각이 들어서였다. 책이 출간되고 나서 2개월 정도 후 그녀는 KBS1 〈사랑의 가족〉 프로그램에 출연했다. 그녀는 방송에서 많은 사람에게 어떻게 마음을 열고 장애를 받아들였는지, 어떻게 그 힘든 시기를 이겨냈는지, 그 과정을 가감 없이 보여주었다.

박혜정 작가가 불의의 사고로 평생 휠체어를 타야 하는 장애인이 된 원인은 그녀의 전생에서 그 답을 찾을 수 있다. 나는 전생에서 그녀는 나약한 사람이 아니었을까, 그래서 그걸 극복하도록 사후세계에서 이번 생의 시련을 계획했던 게 아닐까 생각해본다. 왜냐하면, 지금의 그녀는 그 누구보다 긍정적이고, 도전적이고 강한 사람이 되었기 때문이다.

육체적인 결함인 질병은 우리를 고통스럽게 하려고 찾아오는 것이 아니다. 오히려 그 반대다. 우리가 사는 동안 영적인 성장을 이루도록 돕기 위함이다. 질병으로 인해 우리는 삶의 불편함을 느끼는 한편 건강의 소중함 또한 깨닫게 된다. 그동안 알지 못했던, 몸이 불편한 사람들의 심정을 이해할 수 있게도 되는 것이다. 그러나 무엇보다 중요한 것은 질병으로 인해 인생의 방향이 달라진다는 것이다.

인생에서 만나는 시련들과 마찬가지로 질병 역시 우리에게 어떤 깨달음을 주기 위해서 나타나는 것이다. 우리가 질병을 극복하는 과정에서 더 단단하게 성장해나가는 게 그 증거일 것이다. 우리는 아무 이유 없이 태어나지 않았다. 이번 생을 사는 우리의 목적은 전생의 카르마를 소멸하고 영적인 성장, 영혼의 진보를 이루기 위해서다.

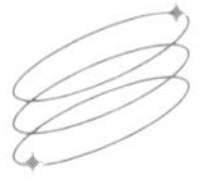

죽음이
두려운 이유

"사람이 죽으면 어떻게 되나요?"

"사후세계 정말 존재할까요?"

"죽으면 정말 천국 아니면 지옥으로 가나요?"

사람들 대부분은 '죽음'에 대해 두려움을 가지고 있다. 언젠가 누구에게나 닥치는 죽음이 두려운 데는 이유가 있다. 죽음 이후의 여정을 제대로 알지 못하기 때문이다. 사실 우리는 죽음뿐만 아니라 자신이 알지 못하는 것들에 대해 불안감을 갖는다. 그런데 죽음에 대한 것은 목숨이 다한 이후의 과정이기 때문에 다른 어떤 것들보다 더 두렵게 여겨지는 것이다.

나는 그동안 영성과 사후세계를 공부해왔다. 게다가 사후세계에 관한 여러 체험을 하면서 지금의 삶이 전부가 아님을 깊이 깨닫게 되었다. 우리가 인간의 몸을 입고서 사는 지구 행성은 수많은 영혼이 오가는 학교다. 이곳에서 다양한 체험을 하면서 전생에 배우지 못했던 지혜와 깨달음을 얻는다. 영혼에 따라 수천 번, 수만 번의 윤회를 통해 의식 상승, 영적 진보가 이루어진다. 우리가 거듭 환생하는 이유는 영혼의 완성을 위해서다.

그런데 안타깝게도 너무나 많은 사람이 죽음 이후에 또 다른 삶이 있다는 것을 알지 못한다. 그래서 지금 잘 먹고 잘살다가 죽으면 끝이다, 라고 한다. 죽음 이후의 삶 같은 것은 없다고 믿는다. 그러다 보니 온갖 불법적인 행동을 일삼기도 한다.

그런 와중에 인간이 환생한다는 과학적인 증거가 속속 나타나고 있다. 어린아이가 전생을 기억해내곤 지난 생의 부모를 만나거나, 전생에 자신이 살았던 집을 찾아내는 게 그 예다. 이와 관련해신 이미 시중에 나와 있는 전생 관련 책들을 참고하면 좋을 것이다.

티베트 불교의 구도자 파드마삼바바(Padmasambhava)가 깨달은 가르침을 담고 있는 《티베트 사자의 서》가 있다. 이 책을 보면 다음과 같은 내용이 있다.

“깨닫지 못한 사람들은 단지 자신의 많은 탄생과 죽음들을 기억하지 못한다는 이유만으로 윤회에 대한 가르침이 사실이 아니며 과학적으로 입증할 수도 없다고 반박한다. 인간이 지각하고 느낄 수 있는 영역은 이미 밝혀진 대로 극히 제한적이고 좁다. 인간이 볼 수 없는 물체와 색채들은 얼마든지 있다. 우리가 들을 수 없는 소리, 우리가 맡지 못하는 냄새, 우리가 맛볼 수 없는 맛, 그리고 우리가 느낄 수 없는 감정들은 수없이 많다. 또한, 인간은 자신이 일상적으로 인식하는 의식만이 의식의 전부라고 믿는데, 그 뒷면에는 또 다른 의식 세계들이 있다.”

인간은 자신이 인식하고 믿는 것만이 전부라고 치부하는 경향이 짙다. 삶과 죽음 역시 마찬가지다. 하지만 인간적인 측면이 아닌 영적인 측면에서 본다면 우리가 알지 못하는 것들투성이다. 태어남이 있으면 죽음이 있게 마련이다. 그런데 우리는 죽으면 어디론가 사라지는 존재가 아닌 영원한 존재들이다. 영원히 성장해나가는 영적인 존재들인 것이다. 깨달은 자들은 죽음은 무서운 것이 아닌 우리에게 새로운 체험을 할 수 있도록 해주시는 신의 선물이라는 것을 잘 알고 있다. 죽음 이후 윤회를 통해 또 다른 체험을 할 수 있기 때문이다.

죽음을 두려워하는 사람들은 이번 생에 집착하는 사람들이다. 이번 생 이후의 삶을 깊이 생각해보지 않았기 때문이다. 영성과 사후세계에 눈뜨고 공부하게 되면 죽음에 대한 두려움이 조금씩 사라지게 된다. 우리는 미지의 것에 대해 막연한 두려움을 갖지만, 그것을 알아가기 시작하면서 두려움이 안개처럼 걷히기 때문이다.

앞서 말했듯이 인간이 윤회하는 목적은 전생에 배우지 못한 지혜와 깨달음을 얻기 위해서다. 지혜와 깨달음은 오로지 체험을 통해 얻을 수 있다. 우리가 사는 지구 행성 외에도 지혜와 깨달음을 얻을 수 있는 수많은 다른 차원의 세계가 있다. 모든 영혼은 자신의 의식 수준에 맞는 차원의 세계로 이동해나가게 된다. 우리가 수많은 환생을 통해 한 단계 높은 차원으로 이동할 수 있는 것은 죽음이라는 신의 선물 때문이다. 죽음은 끝이 아니라 새로운 시작이다.

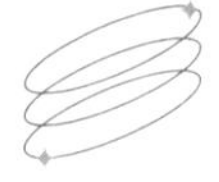

귀신에 빙의된 사람들의
특징과 증상

하루에도 여러 사람이 나를 찾아와 조언을 구한다. 대부분 심적으로, 경제적으로 힘든 사람들이다. 최근에 나를 찾아온 40대의 한 여자분은 경제적으로 부유하게 살다가 사업이 망해 멘털마저 나간 상태였다. 사업이 무너져 내린 후 그녀에겐 연달아 힘든 일들이 닥쳐왔다. 자꾸만 우울감이 들고 죽고 싶은 생각이 들기 시작했다. 이런저런 종교시설과 무속인을 찾아갔지만 수천만 원의 돈만 날린 채 남은 것은 마음의 상처뿐이었다.

나는 그녀와 이야기를 나누면서 그녀 안에 또 다른 존재가 있다는 걸 감지하게 되었다. 그녀의 멘털이 나가자 귀신이 들어온 것이다. 상담하는 동안 나는 그녀에게 도움이 될 만한 조언을 해주었다.

생각보다 이런 사람들이 너무나 많다. 정작 자신만 귀신에 빙의가 된 줄 모른다. 이런 사람에게 몸속에 귀신이 들어와 있다고 하면 십중팔구는 그럴 리 없다며 부정한다. 어떤 사람은 나를 이상한 사람 취급하기도 한다.

내가 한눈에 귀신 들린 사람을 알아보는 방법은 다음과 같다. 이 9가지만 체크해보더라도 자신에게 귀신이 들어와 있는지 아닌지 알 수 있다.

첫째, 상대방의 눈을 정면으로 쳐다보지 못한다.

둘째, 눈이 생기는커녕 마치 썩은 동태눈 같다.

셋째, 대화할 때 자꾸만 부정적인 이야기를 하면서 상대의 기를 빨아먹는다. 중요한 것은 자신의 그런 행동을 인지하지 못한다는 사실이다.

넷째, 눈에서 사악함, 음울함이 묻어난다.

다섯째, 대화할 때, 마치 옆에 보이지 않는 존재가 있는 것처럼 불안한 증세를 보인다.

여섯째, 최근 상갓집이나 장례식장, 화장터 등에 다녀온 후 밤이 되면 무서움을 타거나 자주 악몽을 꾼다.

일곱째, 병명도 없는데 몸이 아프고 무기력하다.

여덟째, 밤이 되면 방 불을 끄고 혼자 있기를 좋아한다.

아홉째, 귓구멍, 목구멍, 회음부에 통증이 있지만, 병명이 없다. 특히 남자라면 전립선에 문제가 없는데도 소변을 볼 때 통증을 느낀다.

가족이나 주변 사람 중 위와 같은 증상을 보이는 사람이 있다면 반드시 알려줄 필요가 있다. 귀신이 들어오려고 하는 초기에만 조심해도 빙의를 막을 수 있다. 굳이 절이나 무속인을 찾아가 천도재나 퇴마굿을 하지 않아도 된다. 자신의 몸 안에 영가가 들어와 있다는 걸 인식하고 그 영가가 좋은 곳으로 갈 수 있도록 염원하는 것으로도 충분하다. 물론 악귀 같은 경우는 웬만해선 몸 밖으로 나가질 않으니 특별한 의식이 필요할 수도 있다.

사람이 죽은 후 그 영혼은 저승으로 넘어가게 된다. 그런데 귀신은 이승에 미련이 있거나 저승이 두려워서 넘어가지 못한다. 저승으로 넘어가야 하는 시간이 따로 있는데 그 시간을 놓치면 영혼은 이승과 저승 사이에 갇히게 된다. 저승으로 넘어가야 환생할 수 있는데 그러질 못하니 귀신은 살아 있는 사람의 육신을 호시탐탐 노리게 된다. 쉽게 육신을 가지는 방법이기 때문이다.

마음이 힘든 사람들이 육체적 질병이 있는 사람에 비해 빙의될 가능성이 크다. 마음이 육체를 지배하는데, 마음이 무너지면 귀신이 신체의 여러 귀문을 통해 들어오기 쉽기 때문이다.

나는 심리적, 정서적으로 힘든 사람들에게 글쓰기, 책 쓰기를 해보라고 조언한다. 글쓰기를 하노라면 부정적인 기억만 곱씹는데서 벗어날 수 있기 때문이다. 인생 스토리를 글로 쓰다 보면 시련이라고 여겼던 일들을 통해 어떤 지혜와 깨달음을 얻었는지 새삼 느끼게 된다. 삶이라는 것이 시련의 연속이며, 그 과정에서 삶의 지혜를 배우고 깨달음을 얻는 것임을 알게 되는 것이다. 나에게 글쓰기, 책 쓰기를 배워서 책을 쓴 사람들이 1,200명이나 된다. 이들은 책을 쓰는 과정에서 자존감을 되찾고 명확한 꿈을 가실 수 있었다. 시련은 변형된 축복이라는 말이 있듯이, 이들은 과거와 비교해볼 때 분명 더 나은 삶을 살고 있다.

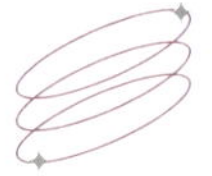

죽음을 앞둔 사람들에게
나타나는 5가지 증상

사람이 세상을 떠날 때 고통을 느낄까, 느끼지 않을까? 사람들 대부분은 죽음을 앞둔 사람들이 극심한 고통을 느끼며 세상을 떠날 거라고 여긴다. 특히 암과 같은 깊은 병중에 있는 사람이라면 더욱 그러리라 믿을 것이다. 물론 나 역시 과거에 같은 생각을 하기도 했다. 나도 모르게 죽음을 앞둔 사람들이 고통스러운 과정을 겪다가 세상을 뜨겠구나, 생각했었다. 하지만 영성과 사후세계를 공부하면서 그동안 내가 가졌던 생각들이 잘못되었다는 것을 알게 되었다.

죽음이 임박한 사람들은 더는 고통을 느끼지 않는다. 어찌 보면 고통을 초월했다고 보는 게 옳을 듯하다. 죽음이 임박하면 영혼과 육체는 조금씩 분리되고, 그런 탓에 고통을 느끼지 못하거나, 덜 느끼는 것이다. 육체가 더는 영혼에 어떤 영향도 미칠 수 없기 때문이다. 창조주는 우리의 영혼이 죽음의 순간에 고통을 느끼지 않도록 설계해놓으신 것이다.

죽음을 앞둔 사람은 지금 곁에 있는 가족들의 손길을 한 번이라도 더 느끼고 싶어 한다. 따뜻한 온기를 느끼고 싶은 것이다. 그들과 못다 한 이야기를 나누길 원하고, 마음속에 가라앉아 있는 앙금 같은 것을 다 털어버리고 싶어 한다. 그래야 홀가분한 마음으로 죽음의 여정에 들어갈 수 있기 때문이다.

죽음을 앞둔 사람들에게는 다음과 같은 5가지 증상이 나타난다.

첫째, 먹고 싶은 것, 하고 싶은 것에 대한 욕구가 사라진다.
식욕은 인간의 가장 기본적인 욕구 가운데 하나다. 그런데 죽음을 앞둔 사람들은 이 식욕을 잃어버린다. 그리고 건강했을 때 너무나 하고 싶은 게 많았던 사람이 만사가 귀찮다는 듯 느즈러져 있을 뿐이다. 그냥 쉬고 싶은 생각뿐인 것이다.

둘째, 평소보다 수면 시간이 길어진다.

죽음을 앞둔 사람은 평소보다 잠자는 시간이 길어진다. 이는 체력이 바닥났기 때문이다. 의식이 깨어 있는 동안에도 말할 힘은커녕 앉아 있을 힘조차도 없다. 배터리가 거의 방전되기 직전이어서 에너지가 별로 소모되지 않는 잠만 자는 것이다. 사람에 따라선 사흘 정도 잠자고 나서 다시 깊은 잠에 빠지기도 한다.

셋째, 평소와 다르게 몸과 마음이 안정을 찾는다.

병중에 있는 환자의 경우 고통이 줄어든다. 심하던 기침이나 구토가 덜하거나 아예 하지 않게 된다. 죽기 직전의 상태가 되면 마치 보이지 않는 존재가 육체의 고통을 제어하는 것 같다는 생각마저 들게 한다. 사람에겐 죽기 직전 30분에서 2시간 정도 딱 한 번 정신이 명료해지는 시간이 있다. 이는 영적인 측면에서 봤을 때 세상을 떠나기 전 가족들과 마지막으로 소통하는 시간을 갖는 기회가 된다. 이 시간을 잘 보내야 하는 이유다.

넷째, 고마웠던 사람들을 위해 미리 선물을 준비한다.

죽음에 직면하면 그동안 자신에게 고맙게 해줬던 사람들을 떠올리게 된다. 그래서 평소 몸이 불편해 거동이 힘들었던 사람도 그들을 위한 선물을 준비하려 한다. 병중에 있는 사람일지라도 작은 선물을 준비하러 외출을 감행하는 것이다.

다섯째, 꿈에서 돌아가신 부모님이나 조상, 배우자를 만난 이야기를 한다.

거의 모든 사람이 죽음을 앞두고 있을 때 꿈에서 돌아가신 분들을 만난 이야기를 한다. 즉, 조상이나 부모님, 배우자, 친척들이 찾아왔었다고 말한다. 이때 대부분 꿈에서 만난 그분들의 얼굴과 모습이 편안해 보였다, 반가웠다고 말한다. 돌아가신 분들이 꿈에 나타나는 이유는 죽음이 임박했다는 걸 알려주기 위함이다. 놀라지 않고 편안한 마음 상태에서 이승에서 저승으로 넘어갈 수 있도록 준비시키려는 것이다. 이들은 때로 저승사자가 찾아왔다는 이야기를 하기도 한다. 우리가 죽게 되면 인도령이 찾아오는데, 이 인도령을 저승사자라고 일컫는다.

죽음을 앞둔 사람들 대부분은 죽음 직전 갑자기 기운이 왕성해지기도 한다. 조금 전까지만 해도 기운이 하나도 없어서 곧 돌아가실 것 같던 분이 막 잠에서 깬 듯한 맑은 얼굴로 가족들에게 덕담을 건네거나 옛날이야기를 하기도 한다. 이때 많은 분이 이제 다시 건강해지시려나 보다, 기대하기도 한다. 하지만 이는 죽음으로써 영혼이 육신을 빠져나가게 되면 더는 인간의 모습으로는 소통할 수 없는 까닭에 창조주께서 마지막으로 가족들과 인사를 나눌 시간을 부여하는 것이다. 이 시간을 잘 보내야 함은 당연지사다.

이때 죽음을 앞둔 사람은 그동안 가족들에게 가졌던 서운함과 미운 감정을 털어버려야 한다. 대신 가족들은 임종을 앞둔 사람의 손을 꼭 잡아주면서 그동안 고마웠다고, 사랑의 감정이 담긴 인사를 해줄 필요가 있다.

우리의 육체 중 가장 오랫동안 남아 있는 기관이 청각기관이다. 영혼이 육체를 빠져나가는 순간에도 죽어가는 사람은 자신에게 하는 말들을 들을 수 있다. 그러니 그 사람은 조금 더 홀가분한 마음으로 죽음, 즉 영혼과 육체의 분리 과정에 돌입할 수 있을 것이다.

죽은 후 내가 죽었다는 것을
인지할 수 있을까?

우리가 생을 마치고 사후세계로 넘어가는 시간은 미리 계획되어 있다. 따라서 모든 사람은 자신이 언제 죽을지 알고 있다. 사후세계에서 지상계에 내려오기 전에 미리 어떤 경험을 할 것인지, 그리고 언제 퇴장할 것인지 계획하고 서약하고 내려오기 때문이다. 다만 삶을 사는 동안 사람에 따라 여러 차례 죽음의 시기가 바뀔 수도 있다. 원래는 80세까지 살아야 할 사람이 경제적으로 너무 힘든 나머지 충동을 이기지 못하고 자살하거나, 암과 같은 병을 신념의 힘으로 싸워 이겨내는 예 등이 그럴 수 있다.

우리가 세상을 떠나는 방식도 사람마다 다르다. 어떤 사람은 교통사고로 갑작스레 세상을 떠나기도 하고, 또 어떤 사람은 직장 일을 하다가 재해로 목숨을 잃기도 한다. 이외에도 병으로 죽거나 타인에 의해 목숨을 잃기도 한다. 어떤 과정을 통해 죽든 간에 죽으면 영혼은 육신에서 분리된다. 육신은 영혼이 지상계의 인간으로 존재하는 동안 타고 다니는 '탈 것'에 지나지 않는다. 우리는 타고 다니던 자동차가 연식이 오래되고 노후해 더는 타고 다닐 수 없게 되면 폐차한다. 그러곤 새로운 자동차로 갈아타는데, 우리의 몸도 이와 별반 다르지 않다. 지금의 육신을 벗고 새로운 육신을 얻기 위해 사후세계로 넘어가는 것이다.

영혼이 육신을 떠나게 되면 영혼과 육체를 이어주는 은빛 코드가 끊어진다. 특히 교통사고나 추락사 같은 경우 고통스러운 충격이 일어나기 전에 끊어진다. 이는 영혼이 갑작스러운 죽음으로 인해 극심한 고통을 느끼지 않도록 하기 위한 영계의 시스템이다. 영혼과 육체를 이어주는 은빛 코드가 완전히 끊어지면 의사는 사망 선고를 내리게 된다. 이때 영혼은 30도 정도의 각도로 몸을 빠져나가게 된다. 그러곤 육체로부터 1미터 정도 떨어진 지점으로 이동해 영혼의 세계에 들어서게 된다. 이때부터 영혼은 인도령의 보호를 받게 된다. 악한 영혼으로부터 보호받으며 다음 단계로 나아가는 과정에 들어서는 것이다.

우리는 죽으면 어떤 일들이 일어나는지 알지 못한다. 그 바람에 죽음을 두려워하게 된다. 우리가 죽으면 영혼은 자신을 오랫동안 속박해온 몸으로부터 해방된 탓에 진정한 자유를 느낀다. 살아 있을 때와 비슷한 감각을 느낀다. 정확하게 말하면 더 예민하게 느낀다. 마치 장갑을 끼고 있다 벗고 물건을 다루는 것처럼 더 생생하게 느낄 수 있다. 지상계의 시간으로 죽은 지 2, 3일 정도 지났다면 영혼은 기절한 상태라고 보면 된다. 지상계에서 영계와 지상계의 사이에 있는 차원에 들어서는 과정에서 충격을 받아 잠들어 있다고 보면 된다. 그래서 아직 자신이 죽었다는 것을 인지하지 못한다.

자신이 죽었다는 것을 인지하지 못하는 영혼들이 있다. 다음과 같은 죽음이 대표적이다.

첫째, 자살한 경우
둘째, 다른 사람에게 살해당한 경우
셋째, 갑작스레 예기치 않은 죽음을 맞이한 경우

자살하는 이유는 다양하지만 대부분 충동적인 경우가 많다(사후세계에서 계획한 자살 제외). 당장은 극심한 괴로움 때문에 자살하지만, 이는 사후세계에서 계획한 죽음이 아니다. 다른 사람에게 살해당한 경우에도 너무나 갑자기 일어난 일이어서 영혼은 그 사실을 받아들이지 못한다. 자동차를 운전하고 가던 중 상대방의 차가 신호를 어기고 충돌함으로써 사망한 죽음도 마찬가지다. 이런 죽음의 경우 사후세계에서 이번 생을 계획할 때 없었던 사건일 수 있다. 지금의 우리와 마찬가지로 영혼도 어떤 사건이 일어나면 그 일에 대해 생각할 시간이 필요하다. 그런데 그런 시간 없이 갑자기 죽음이라는 대전환을 맞게 되면 영혼은 자신이 아직도 인간이라고 착각하게 된다.

그래서 죽음으로써 육신을 벗은 후에도 영혼은 인간으로 살 때의 사고와 행동을 그대로 하게 된다. 오감이 그대로 작동할 뿐 아니라, 오랫동안 자신을 괴롭혀온 통증마저 사라진다. 그리고 몸이 너무나 가볍게 느껴져 새로 태어난 기분을 맛본다. 생각만 하면 아무런 제약 없이 원하는 곳으로 이동할 수도 있다. 그동안 느껴보지 못했던 자유를 만끽하게 되는 것이다. 이때 인도령이 찾아와 "당신은 더는 인간이 아니다. 그러니 영계로 넘어가야 한다"라고 설명해준다. 하지만 죽었다는 걸 인지하지 못하는 영혼은 인도령의 말을 듣지 않는다.

인도령은 영계로 넘어갈 수 있는 시간이 정해져 있다는 걸 영혼에게 이해시키려 애쓰지만, 허사가 된다. 이런 영혼은 자신이 죽었다는 사실을 모르기 때문이다. 그런 영혼들 중 순수한 영혼은 인도령의 말을 듣고 영계로 넘어가기도 한다.

우리가 현생을 살 때 죽음 이후의 세계를 공부해야 하는 이유다. 그러지 않으면 자신이 죽은 후에도 죽었다는 것을 인지하지 못하는 상황에 직면할 수 있다. 많은 시간을 인간으로 착각하면서 지상계도, 영계도 아닌 중간 차원에서 떠도는 영혼이 되는 것이다.

어쩌면 이보다 더 불행한 영혼도 없지 싶다. 우리는 죽음 이후 영계로 넘어가 각자의 삶을 사는 동안 지은 카르마와 배움과 성장에 걸맞은 과정을 밟아야 하는데, 그러지 못하기 때문이다.

이띤 영혼은 어러 번의 윤회를 통해 카르마를 소멸시키고 배움을 통해 성장해나간다. 하지만 어떤 영혼은 수십 년에서 수백 년 동안 유령 신세를 면하지 못하고 떠돌게 된다.

요즘은 예전보다 마음 공부와 영성, 사후세계를 공부하는 사람들이 많아졌다. 나의 책과 유튜브 채널에 올라와 있는 영상들을 보고 나서 내가 운영 중인 네이버 카페 〈한책협〉에 가입하는 사람들도 적지 않다. 나와의 일대일 상담을 신청하는 사람들이 많다 보니 대기 기간이 보통 한 달이 걸리기도 한다. 나는 한 사람 한 사람에게 진심으로 좀 더 나은 삶을 사는 방법과 영성과 의식 성장에 대해 조언해주고 있다. 나는 모든 사람이 물질적인 풍요와 영적인 풍요를 둘 다 누리는 삶을 살았으면 좋겠다.

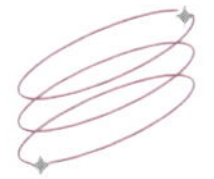

사람이 죽은 후
49일 동안에 일어나는 일

사람이 죽음을 맞으면 영혼과 육체를 연결하고 있는 은빛 줄이 끊어진다. 은빛 줄은 엄청난 속도로 진동하는 미립자들의 덩어리다. 은빛 줄은 마치 엄마와 배 속의 아기를 연결하고 있는 탯줄과 같은 것이다. 아기를 출산하면 가위로 탯줄을 자르듯이 영혼이 육체를 빠져나오면 은빛 줄 역시 끊어지게 된다. 이때부터 육체는 부패하기 시작한다.

이렇게 은빛 줄이 완전히 끊어지기까지는 3일 정도가 소요된다. 영혼은 3일 동안 시신 곁에 머물러 있게 되는 셈이다. 인간의 영혼은 죽음 이후에도 영계로 바로 떠나지 않는 것이다.

류시화가 번역한 《티베트 사자의 서》에는 다음과 같은 내용
이 나온다.

"죽음의 징후들이 모두 나타나고 나면 시신을 흰 천으로 덮
는다. 그리고 이때 어떤 사람도 시신을 건드리지 않는다. 그것은
죽음의 과정이 방해받지 않도록 하기 위해서다. 죽음의 과정은
육체로부터 의식체를 완전히 분리하는 것으로 끝난다. 대개 의
식체를 분리하는 과정은 포와라고 부르는 영적 스승, 곧 '의식체
를 빼내는 사람'의 도움이 없을 경우 3일 반 내지는 4일이 걸린
다. 그리고 비록 영적 스승이 의식체를 빼내는 데 성공했다 할지
라도 사자는 대개 앞에서 말한 기간이 지날 때까지는 자신이 인
간의 몸으로부터 분리되었다는 사실을 깨닫지 못한다."

인간의 육신을 빠져나온 영혼은 인도령의 도움을 받아 이승
에서의 연을 정리하는 과정에 들어간다. 자신이 태어나고 자란
곳, 다녔던 학교들, 추억이 깃들어 있는 곳, 특별한 장소, 사랑하
는 사람들을 찾아가 지켜보게 된다. 그리고 장례를 치르기 위해
묘지로 향하는 영구차를 따라간다. 자신을 추모하기 위해 모인
가족과 친지들, 친구들, 지인들 곁에서 자신의 장례식을 지켜보

기도 한다. 이승에서의 연이 정리되고 나면 인도령의 안내를 받아 '연옥'이라는 낮은 수준의 유체계로 떠나게 된다. 이곳은 지상계에서 살며 상처받은 영혼들이 잠시 쉬어가면서 아픔을 치유하는 곳이다. 인간으로 살면서 받은 상처와 고통을 치유 받은 후 다음 단계로 나아가게 되는 것이다.

이때 영혼들 가운데는 자신이 아직도 살아 있다고 착각하는 영혼도 있다. 죽음 이후에도 여전히 생각하고 기억할 수 있을뿐더러 냄새를 맡고, 말할 수 있기 때문이다. 즉, 인간으로 살 때 지녔던 오감이 그대로 살아 있기 때문이다. 오히려 더 생생한 느낌이 든다. 그래서 자신이 죽었다는 걸 믿지 않는 것이다. 이때 인도령이 개입해 이젠 인간의 몸 안으로 들어갈 수 없다는 것과 다른 차원으로 넘어가야 한다는 사실을 알려준다.

어떤 영혼들은 이승에 남아 있는 가족들이 염려되어 인도령의 밀을 듣시 않기도 한다. 또 다른 영혼들은 인간으로 살면서 너무나 큰 죄를 지어 염라대왕의 심판으로 지옥에 떨어질까 봐 다른 차원으로 넘어가는 걸 두려워하기도 한다. 해선 안 될 행동을 한 영혼들은 조상이나 부모를 뵐 낯이 없어 인도령의 말을 거부하기도 한다.

영혼이 다른 차원으로 가지 않겠다고 고집을 피울 땐 인도령일지라도 할 수 있는 게 없다. 모든 영혼에는 창조주로부터 부여받은 자유의지가 있기 때문이다. 이때 인도령은 인내심을 가지고 연옥으로 넘어가는 시간이 정해져 있다고 영혼을 설득한다. 지금 가지 않으면 통로가 막혀서 갈 수 없게 된다고 설명한다. 그래도 연옥으로 넘어가지 않으려 하는 영혼들이 있다. 그들은 시신이 있는 장소를 떠나지 못하는 지박령이 된다. 제때 자신이 가야 할 길로 떠나지 않은 영혼은 가족이나 다른 인간들을 해코지하게 된다. 자신이 죽었다는 것을 깨닫고 다른 차원으로 가야한다는 걸 스스로 인식할 때까지 그곳을 벗어나지 못한다.

《티베트 사자의 서》에서는 죽음을 맞은 영혼들은 어느 정도의 시간이 흘러야 자신이 죽었다는 것을 알 수 있다고 말한다. 그동안 영혼은 자신이 인간으로서 살 때 했던 생각과 행동들을 그대로 한다고 설명한다. 이 부분에서 이번 생이 죽음의 여정이 시작되어도 그대로 이어진다는 걸 알 수 있다. 나아가 카르마 법칙에 따라 환생까지 결정된다.

"죽음을 맞이한 순간부터 3일 반이나 때로는 4일간 대부분의 의식체는 자신이 육체로부터 분리되었다는 사실을 알지 못하고 기절 상태 또는 수면 상태에 빠지는 것으로 알려져 있다. 이 기간이 첫 번째 바르도로서 그것을 치카이 바르도(Hchikhahi Bardo), 곧 '죽음의 순간의 바르도'라고 부른다. 이때 최초의 투명한 빛이 사자 앞에 나타난다. 그 빛은 모든 존재의 근원으로부터 밝아오는 순수한 빛이다. 그러나 사자는 그것을 인식하지 못하고, 다시 말해 그 빛이 상징하는 마음 본래의 초월적인 상태에 머물러 있지 못하고, 자신의 카르마 때문에 그것을 흐릿하게 인식할 뿐이다.”

첫 번째 바르도가 끝났을 때 자신에게 죽음이 일어났다는 사실을 깨달은 사자는 두 번째 바르도를 경험하기 시작한다고 한다.

“두 번째 바르도의 기절 상태에서 깨어날 때, 그의 앞에는 상징적인 환영들이 하나씩 나타나기 시작한다. 그가 이 세상에서 육체를 갖고 있을 때 행한 행위들이 카르마의 환영들로 출몰하는 것이다. 그가 생각한 것과 행동한 것들이 객관적인 영상이 되어 그곳에 나타난다. 생전에 그의 의식 속에 그림을 그리며 나타났던 생각들, 뿌리를 내리고 성장하고 꽃피우고 열매 맺었던 그 생각들이 이제 장엄하고 거대한 파노라마로 등장하는 것이다."

두 번째 바르도에서도 사자는 자신이 죽었음에도 여전히 살과 뼈를 지닌 육체를 갖고 있다는 착각에 빠질 가능성이 크고 이런 착각을 불교 용어로는 '미망'이라고 한다. 그러나 자신이 실제로는 그런 몸을 갖고 있지 않다는 것을 깨닫는 순간, 사자는 육체를 소유하려는 강렬한 욕망을 가지게 된다. 그리하여 그는 몸을 찾게 되고, 환생의 길을 찾는 세 번째 바르도에 들어가게 된다고 한다. 이후 마침내 그는 자신의 카르마가 선호하는 결정에 따라 이 세상이나 다른 어떤 세상에 환생하고, 그것으로 사후 세계는 끝난다는 것이다.

인간이 죽은 후 저승으로 가기까지 걸리는 기간이 보통 49일이다. 영혼에 따라서는 60~90일 정도 걸리기도 한다. 그래서 인간이 죽으면 49재(四十九齋)를 지내고 다른 차원으로 떠나지 않으려는 영혼을 달래기 위해 천도재를 지내는 것이다. 슬픔과 고통으로 가득 차 있는 이승에 머물지 말고 하루속히 영혼의 세계로 떠나라는 뜻이 담긴 재라고 보면 된다.

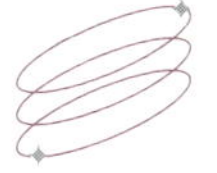

영혼이 육신을 떠나면
곧장 영계로 가는가?

많은 사람이 자신들이 죽으면 바로 영계로 건너간다고 생각한다. 실제로는 그렇지 않다. 영혼이 육신을 떠난 후 이승에서 해야 할 일들이 있기 때문이다. 반드시 이승에서의 인연을 내려놓는 과정을 거쳐야 하는 것이다. 그러지 않으면 인간으로 살면서 가졌던 사고방식으로 죽기 전의 삶에 집착하게 된다. 이렇게 이승에 미련이 남은 영혼은 영계로 넘어가지 못한다.

우리가 지구에서 보내는 시간은 비유하자면 소풍과 같다. 함께하고 싶은 사람들과 얼마간 즐겁게 시간을 보내고 나면 각자 갈 곳으로 뿔뿔이 흩어진다. 이때 어떤 사람은 헤어진다는 슬픔에 그렁그렁 눈물을 보이기도 하고, 또 다른 사람은 다음 만남을 기약하며 웃는 얼굴로 헤어지기도 한다. 사람이 죽은 이후 일어나는 일도 이와 별반 다르지 않다.

삶을 사는 동안 영성과 사후세계를 공부하지 않은 사람들은 죽은 후 큰 혼란에 빠진다. 특히 생전 종교 생활에 적극적이었던 사람들은 자신이 죽으면 천사들이 하프를 켜고 있는 신의 세계로 갈 줄 알았는데 실상은 그렇지 않기 때문이다. 이런 사람들은 지상계와 다를 바 없는 연옥에서 많은 시간을 보내게 된다. 그러다 시간이 지나면서 자신이 그동안 믿어왔던 종교가 그릇되었다는 걸 깨닫게 된다.

죽은 사람들과 교신하는 뛰어난 능력이 뛰어난 세계적인 영매 리사 윌리엄스(Lisa Williams)가 있다. 그녀는 저서 《죽음 이후의 또 다른 삶》에서 죽음 이후 영혼이 어떤 과정을 겪는지 자세히 설명하고 있다.

"사후에 영혼이 지상의 인연을 내려놓기 위해 얼마 동안 지상계에 아주 가까이 머무는 것은 일반적인 일이다. 자신의 삶을 기리는 마지막 축제에 참석해 자신의 장례식을 지켜보는 것, 그리고 가족 구성원 간의 관계가 변하는 것이나 사람들이 자신의 재산이나 소유물을 정리하는 과정을 지켜보는 것도 중요한 일이다. 이것은 모두 자신이 이젠 저세상으로 건너갔다는 사실을 받아들이는 일부분의 과정이다. 당신은 당신의 죽음으로 인해 일어나는 다툼이나 슬픔을 목격할 것이다. 또한, 사랑하는 사람들이 옛날 사진첩을 펴놓고 당신의 우스꽝스러운 행동들을 기억하며 웃는 것도 볼 것이다."

이 모든 게 당신이 성장해가는 과정, 곧 재탄생하는 과정의 일부분이라는 그녀는 대개는 죽음 이후에 인간의 시간으로 따지자면 90일 정도까지 지상계 주변에 영혼으로서 머문다고 한다. 이 90일은 사후세계의 시간으로 따지자면 한나절 정도에 해당한다며, 머무는 시간의 길이는 영혼에 따라 다르다고 한다. 왜냐하면, 영혼마다 필요한 것도 다르기 때문이다.

리사 윌리엄스의 말에 의하면, 영혼은 사후 인간으로서 맺은 인연을 정리하는 시간을 가진다는 것을 알 수 있다. 그녀는 우리에게 다음 3가지 사실을 일깨워준다.

첫째, 죽음 이후 곧장 영계로 가지 않는다는 것.

둘째, 자신의 장례식을 비롯해 생전에 관계했던 사람들과의 인연을 내려놓는 시간을 가진다는 것.

셋째, 지상계에 머무는 시간이 영혼마다 다르다는 것.

나는 책과 특강, 유튜브 채널을 통해 사람이 죽은 후 겪는 과정들을 설명했다. 나의 말을 믿는 사람들도 있지만 허무맹랑하다고 치부하는 사람들도 많다. 나는 그런 이들을 보면 참으로 안타깝다는 생각이 든다. 그 이유는 지상에서의 우리 삶은 하루살이와 같은 찰나의 순간에 불과하지만, 사후세계에서의 삶은 영원하다시피 하기 때문이다. 사후세계가 두렵다고 해서 회피한다면 역시 두려움 때문에 이번 생에 집중할 수 없게 된다. 사후세계를 제대로 이해하고 받아들인다면 현생에서 겪는 힘든 일들이 무엇 때문인지 그 이유를 깨닫게 된다. 그리고 이는 진정한 용기로 이어져 어떤 시련을 만나더라도 불굴의 의지로 극복하게 된다.

미국의 여류 소설가이자 예언가인 루스 몽고메리(Ruth Mont-gomery)가 쓴 책 《아무것도 사라지지 않는다》를 보면 영혼은 사후에 영계로 곧장 가지 않고 연옥을 거친다고 한다. 연옥은 지상계와 영계 사이에 있는 차원으로 정화나 치유가 필요한 영혼들이 잠시 머무는 곳이다.

"오늘은 일부 사람들이 아주 오랜 기간 휴식을 취하는 장소로서의 이곳의 역할을 말하겠다. 그리고 그 휴식은 그가 성장의 길로 나아가기 위해서 깨어날 때까지 계속된다. 천주교도는 이 정거장을 연옥이라고 부른다. 천주교도는 우리 모두 한 번은 그곳에 간다고 생각하지만, 그건 사실이 아니다.

천주교도는 기도가 이 일시적인 과도기의 단계(연옥)에 있는, 사랑하는 사람(영혼)에게 도움이 된다고 믿는다. 그런데 나는 기도가 이곳 지상에 있는 우리 모두에게 진정으로 도움이 된다고 말하고 싶다. 지상에서 동경과 사랑을 담아 기도하면 우리는 그 기도로 인해 선을 향한 진동을 강하게 느낀다."

이렇듯 연옥은 영혼이 지상과 영계 사이를 헤매는 일시적이고 모호한 상태의 차원이라고 한다. 연옥이 반드시 나쁜 영혼으로 채워지는 건 아니며, 그곳은 대부분 내세를 준비하지 않았거나, 불멸을 바라지 않았던 사람들로 채워진다고 한다. 즉, 영혼의 존재를 믿지 않은 사람들로 채워진다는 것이다.

사후 곧장 영계로 보내지지 않고 연옥을 거치는 영혼들은 공통점을 갖고 있다. 이곳에는 다른 사람들에게 상처를 주거나 이기적이었던 사람들, 열심히 신앙생활은 했지만 어려운 사람들을 돕는 데는 인색했던 사람들이 많이 있다. 사랑을 실천하지 않았던 사람들이다.

물론 연옥을 거치는 영혼 중에도 선한 영혼들이 있다. 이들은 생전 내세 공부를 전혀 하지 않았거나 죽으면 곧장 천국이나 극락으로 간다고 믿었던 영혼들이다. 이들은 연옥에서 전생의 삶을 돌아보며 지상에서 살 때 가졌던 생각과 믿음이 그릇되었다는 것을 깨닫게 된다. 이와 더불어 영혼의 정화와 치유 과정이 진행된다. 그리고 그 과정을 마친 후 영혼은 영계로 넘어갈 준비를 하게 된다.

2장

사후세계는 정말 존재하는가?

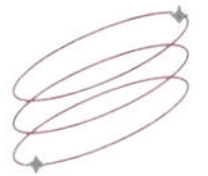

내가 직접 체험한
사후세계의 충격적인 비밀

아직도 사후세계가 없다고 말하는 사람들이 있다. 나는 이런 사람들을 보면 답답함을 넘어 안타까운 마음이 앞선다. 사후세계가 없다고 말하는 건 눈에 보이지 않는 공기가 존재하지 않는다고 말하는 것과 다름없다. 우리는 공기가 없는 곳에서는 살 수 없다. 그렇다면 눈에 보이지는 않아도 공기가 존재한다는 뜻이다. 마찬가지로 이번 생이 있으면 다음 생이 있고, 그다음 생이 있게 마련이다. 이를 불교 용어로 '윤회'라고 일컫는다.

모든 사람은 이번 생을 마치고 나면 본향인 사후세계로 넘어간다. 사후세계에서 얼마간의 시간을 보낸 후 환생할 준비가 되면 인간의 몸을 택해 태어나는 것이다. 사후세계를 부정하는 사람은 절대 이번 생을 제대로 살 수 없다. 죽으면 끝인데 뭐, 이런 논리를 펼치며 함부로 살게 된다. 이번 생에 주어진 영혼의 목적이니 영혼의 성장이니 하는 것들은 알지조차 못한다. 그러니 개, 돼지처럼 배불리 먹고사는 데만 집중하는 것이다.

나는 지금까지 수차례 사후세계를 체험했다. 사후세계를 체험했다는 사람들 대부분은 교통사고나 불치병에 걸려 죽음을 앞둔 직전에 임사체험을 한 사람들이다. 이외에 잠자는 중에 사후세계를 경험하기도 한다.

4년 전쯤으로 기억한다. 나는 잠자는 중에 죽은 사람들이 저승으로 넘어가기 전 통과해야 하는 세계를 다녀왔다. 꿈속에서 본 죽은 사람들의 무표정한 얼굴과 건물들, 음울한 분위기 등이 아직도 생생하게 기억난다. 내겐 너무나 충격적인 모습이었기 때문이다.

내가 서 있었던 곳의 앞쪽은 놀이동산 입구와 같은 모습이었다. 내가 어떤 큰 건물 안에 들어와 있는데, 수많은 사람이 줄지어 앞을 향해 천천히 걸어가고 있었다. 내 옆에는 20대 후반의 여자와 남자가 서 있었다. 언뜻 연인으로 보였다. 그들의 얼굴은 무표정하고 우울해 보였다. 다른 사람들도 하나같이 같은 모습이었다. 가기 싫은 곳을 억지로 가는 표정이었다.

입구 앞에서 한 남자가 죽은 사람들이 들고 있는 표를 일일이 검사하고 있었다. 남자가 표를 검사하고 이상이 없으면 입구 안으로 들어갈 수 있었다. 나는 순서를 기다리고 있었고 잠시 후 내 차례가 되었다. 나는 입구를 지키고 있는 남자에게 표를 건넸다. 표를 검사하던 남자는 일순간 당황하는 표정을 지었다. 순간 나는 뭐가 잘못되었나 싶었다. 이때 남자가 말했다.

"어? 표가 이상하네. 그동안 이런 적이 없었는데…. 표를 다시 확인해보세요."

내가 말이 안 된다는 표정으로 물었다.

"아니, 이곳에서도 이런 실수를 하나요?"
"자주는 아닌데 가끔 이런 일이 있긴 합니다."

남자는 자신도 이해가 안 된다는 투로 말했다. 그러면서 내게 다시 표를 건넸다. 나와 같이 서 있던 사람들은 하나둘씩 입구를 통과하고 있었다. 그때 나는 왠지 모르게 다소간 안심이 되었다. 나는 근처를 둘러봤다. 작은 가게들이 몇 군데 있었다. 그중 파라솔을 펴놓고 소시지를 파는 가게가 있었다. 그곳에 젊은 여자 3명이 있었는데, 나는 그들에게 방금 입구에서 있었던 일을 설명해주었다. 그리고 내가 갖고 있던 표를 보여주었다. 그러자 한 여자가 표가 좀 이상하다는 것이었다. 옆에 있던 여자들도 같은 말을 했다.

"아저씨, 정말 운이 좋네요. 이런 경우는 그동안 못 봤는데, 저 길 안 지나가도 되겠네요."

그때까지도 나는 운이 좋다는 그들의 말뜻을 알지 못했다. 무조건 저 입구를 지나가야 하는 줄로만 생각했기 때문이다. 그러다 여자들의 말을 이해하곤 저절로 안도의 한숨이 쉬어졌다. 그 순간에도 줄지어 선 사람들이 남자에게 표를 보여주고 입구를 지나고 있었다.

얼마 후 나는 꿈에서 깨어났다.

꿈꾸고 있던 당시 나는 내가 직접 보고 온 그곳이 죽은 지 얼마 안 되는 영혼들이 이승에서 사후세계로 건너가는 입구 앞이었다는 걸 알지 못했다. 하지만 내가 그때 그 입구를 다른 영혼들처럼 통과했다면, 나는 죽었을지 모른다. 심장마비나 교통사고 등으로 갑자기 세상을 떠났을 것이다. 우리가 사는 지구라는 물질세계는 영적인 세계에 둘러싸여 있다. 그러므로 영적 세계에서 겪는 일들은 이 세계에 반영되게 되어 있다.

나는 그동안 여러 번 사후세계를 체험했다. 내가 체험한 사후세계 이야기는 유튜브 채널 〈라엘 - 금성에서 온 남자〉, 〈금성에서 온 남자 슈카이브〉에 업로드해두었다. 참고하면 마음 공부와 영성 공부에 많은 도움이 될 것이다.

나는 사후세계가 반드시 존재한다고 믿는다. 사실 사후세계를 믿고 안 믿고가 중요한 건 아니다. 가장 중요한 건 우리가 이번 생에 어떤 것을 배우고, 깨닫는가다. 우리는 영혼의 진보, 영혼의 성장을 위해 이번 생을 사는 것이다.

2000년 전 스승 예수께서는 "항상 깨어 있으라!"라고 말했다. 자신이 이번 생에 무엇을 성취하러 왔는지 항상 기억하고 이루

라는 뜻이다. 영적으로 깨어 있지 않은 자는 반은 죽은 자와 같

다는 걸 잊어선 안 된다.

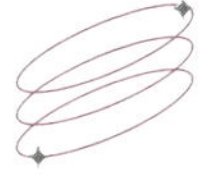

사후세계를 체험한 사람들의
공통된 증언

사람은 죽으면 어떻게 될까? 사후 생은 존재할까? 종교를 떠나 모두가 궁금해하는 부분이다. 많은 사람이 사후 생이 있다고 믿지만 그렇지 않은 사람들도 많다. 일반 사람들에게 사후세계라는 개념은 매우 낯설고 받아들이기 힘든 게 사실이다.

세상에는 교통사고나 갑작스러운 심장마비로 인해 사후세계를 경험한 사람들이 많다. 이들은 의학적으로는 사망한 상태에서 자신의 육체는 물론 주변에서 일어나는 일들을 볼 수 있었다고 증언했다. 이것을 우리는 '임사체험'이라고 한다. 임사체험은 죽은 상태에서 영혼이 죽음 이후의 새로운 세계, 즉 사후세계를 경험하는 것을 의미한다.

임사체험을 한 사람들의 체험에는 6가지 공통점이 있다.

첫째, 교통사고를 당해 사망할 경우 생전의 경험이 주마등처럼 빠르게 스쳐 지나간다.

둘째, 의학적인 사망 판정을 받은 후 영혼이 육체를 벗어난다.

셋째, 영혼은 사랑으로 가득한 빛의 터널을 통과한다.

넷째, 저승사자라고 불리는 인도령을 만나게 된다.

다섯째, 인도령과 텔레파시로 대화를 나누게 된다. 지상계와 사후세계의 경계지점에 도달하게 되면 먼저 세상을 떠난 가족이나 인도령, 천사 등의 영적인 존재로부터 아직 이곳에 올 때가 아니라는 말을 듣는다.

여섯째, 인도령의 말을 듣고 지상계에서 해야 할 일이 남았다는 걸 깨닫자마자 영혼은 육체로 돌아오고 기적처럼 살아나게 된다.

사실 임사체험을 한 사람들의 말을 보통 사람들은 잘 믿지 않는다. 직접 체험해보지 않은 사람에게 눈에 보이지 않는 세계를 이해시키는 일은 거의 불가능하다. 하지만 앞서 말했다시피 임사체험을 한 사람들이 헤아릴 수 없이 많다는 건 사실이다. 그들이 말하는 내용 가운데 공통부분만 따져봐도 분명 그러한 세계가 존재해서 체험 또한 있는 것이라 믿게 된다.

사실 이 책을 쓰고 있는 나만 해도 임사체험은 아닐지언정 사후세계를 체험한 바 있다. 내 영혼이 육신을 빠져나와 내가 가고 싶은 곳으로 순간이동 하는 것을 체험했다.

앞서 말했듯 죽은 사람들이 사후세계로 건너가기 위해 통과하는 장소도 가본 적이 있다. 연옥이라고 불리는 곳에서 일어나는 일들도 보고 왔다.

나는 100년 전의 내 전생을 생생히 보고 온 적도 있다. 이외에도 일일이 언급할 수 없는 많은 영적 체험을 했다. 내가 전생, 윤회, 환생, 사후세계가 존재한다고 믿고 말하는 이유다.

사후세계를 체험한 임사체험자들의 증언 중 6가지 공통부분을 지세히 실펴보겠다.

첫째, 교통사고를 당해 사망할 경우 생전의 경험이 주마등처럼 빠르게 스쳐 지나간다.

예기치 못한 교통사고를 당한 많은 사람이 그동안의 삶이 빛의 속도로 지나가는 걸 경험했다고 한다. 단 1, 2초 만에 일어난 일이지만 과거의 자신의 모습들을 봤다는 것이다. 이는 영적으로 봤을 때 지상계에서의 삶을 정리하기 위한 준비 과정이라고 볼 수 있다.

둘째, 의학적인 사망 판정을 받은 후 영혼이 육체를 벗어난다.

사람이 죽는다고 영혼이 사라지는 건 아니다. 오히려 영혼은 갑갑한 육체를 벗어나 자유롭게 된다. 영혼의 관점에서 보면 육신은 인간의 삶을 영위하기 위한 하나의 이동 수단인 '탈것', '기계'에 지나지 않는다. 이 이동 수단이 망가져 버리면 영혼은 자연스레 육신을 벗어나게 되는 것이다. 이때 말로 표현할 수 없을 정도의 편안함과 자유를 느끼게 된다.

셋째, 영혼은 사랑으로 가득한 빛의 터널을 통과한다.

육신을 벗어난 영혼은 캄캄한 터널이나 환한 빛의 터널을 통과하게 된다. 터널이 어둡다고 무서움이 들거나 하지는 않는다. 오히려 예전에 와본 듯한 편안함을 느끼게 된다. 임사체험자들에 의하면 환한 빛의 터널을 통과할 때 무한한 사랑을 느낀다고 한다. 임사체험을 한 사람들 중의 많은 이가 어두운 강을 돛단

배와 같은 작은 배를 타고 건너갔다고 증언한다.

넷째, 저승사자라고 불리는 인도령을 만나게 된다.

많은 사람이 사후세계에서 먼저 세상을 떠난 부모나 형제와 반갑게 조우했다고 말한다. 그 만남을 통해 그동안 단 한 번도 느껴보지 못했던 평안함, 사랑, 행복을 느꼈다고 한다.

다섯째, 영적인 존재와 텔레파시로 대화를 나누게 된다.

대화를 통해 자신이 왜 사후세계에 와 있는지, 어떤 목적을 위해 환생했는지 등을 깨닫게 된다. 지상계와 사후세계의 경계 지점에 도달하면 먼저 세상을 떠난 가족이나 인도령, 천사 등의 영적인 존재로부터 아직 이곳에 올 때가 아니라는 말을 듣는다. 아직 지상계를 떠날 시간이 되지 않았으니 육체로 돌아가라는 말을 듣는 것이다.

여섯째, 자신이 지상계에서 해야 할 일이 남아 있다는 것을 깨닫는다. 그리고 그 순간 영혼은 빛의 속도로 육체로 돌아오고 기적처럼 살아나게 된다.

이것이 임사체험을 한 사람들이 공통으로 증언하는 사후세계 체험 내용이다. 사후세계를 믿지 않는 사람에겐 어떠한 과학적 증거를 들이대도 통하지 않는다. 그들은 임사체험자들의 말을 단순히 뇌 안에서 일어나는 어떤 현상일 뿐이라고 말한다. 그나마 다행인 것은 차츰 의식 세계, 영혼 세계에 눈뜨는 사람들이 늘고 있다는 점이다. 그들 역시 처음에는 전생이니, 윤회니 하는 걸 '개가 풀 뜯어 먹는 소리' 정도로 치부했던 사람들이다. 그러던 그들이 어떤 일을 계기로 영적 세계에 시선을 돌리게 되고 사후 생이 존재한다는 것을 믿게 된 것이다.

전생이 있었기 때문에 현생이 있을 수 있다. 이번 생을 마치면 우리는 그동안 그래왔던 것처럼 본향인 영계로 돌아가게 된다. 그곳에서 우리는 많은 시간을 보내며 영적인 성장과 진보를 이루기 위해 다음 생을 계획할 것이다.

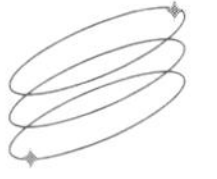

절대 자살하면
안 되는 이유

지금 많은 분이 경제적으로 힘든 가운데 있을 것이다. 나 역시 과거 자살을 수없이 생각할 만큼 지독한 가난에 시달렸다. 어떻게 하면 홀로 남으신 어머니와 가족들에게 상처를 주지 않고 세상을 떠날 수 있을까, 이런 생각을 참 많이 했다.

20대 초반부터 나는 작가가 되기 위해 하루 한두 끼 라면만 먹으며 원고 쓰기에 매달렸다. 서울 영등포구 영등포 시장 근처의 고시원에서 막노동하며 치열하게 원고를 썼다. 하지만 어느 한 출판사도 나의 가능성을 알아봐 주지 않았다. 나는 출판사들로부터 500번 이상 퇴짜를 맞고 나서야 작가가 될 수 있었다.

내가 대구에서 꿈을 이루기 위해 치열하게 노력하던 중 갑작스레 아버지께서 세상을 떠나셨다. 생활고를 못 이기시고 농약을 드신 것이었다. 그때 내 나이 스물여덟 살이었다. 당시 정말 마음이 아팠고, 슬펐고, 죽고 싶었다.

내가 나고 자란 시골 마을은 대구광역시 비슬산 자락 아래 자리하고 있다. 당시 우리 집에는 논 한 마지기, 밭 한 뙈기도 없었다. 아버지는 동네 사람들의 논밭을 빌려서 일정한 소작료를 내고 농사를 지으셨다. 농사일이 없는 날이면 주로 막노동하셨다.

내가 초등학교에 다닐 때는 마을 근처 연탄보일러 공장에서 어머니와 함께 일하셨다. 뜨거운 열기를 무릅쓰며 하루 500개 정도의 연탄보일러를 만드셨는지만, 한 달 월급은 고작 35만 원 정도였다. 그러다 보니 자주 이웃집에 돈을 빌리러 다니셨다. 국민학교(현 초등학교) 시절 나는 부모님께서 돈 때문에 다투시는 모습을 자주 목격했다. 힘든 육체적 노동으로 인해 얼굴 살이 빠지고 눈이 퀭했던 아버지는 한숨을 달고 사셨다. 부모님은 공장 일을 하시느라 나와 두 누나의 초등학교 졸업식에 한 번도 오신 적이 없었다. 그 정도로 치열하게 사셨다. 그럼에도 불구하고 우리 집은 너무나 가난했다.

그렇게 평생 고생만 하신 아버지가 결국 독약을 먹고 세상을 버리셨다는 게 너무나 가슴이 아팠다. 때론 그런 아버지가 마음 깊이 원망스럽기도 했다. 한순간의 잘못된 선택으로 순식간에 사람 목숨이 생(生)에서 사(死)로 넘어갈 수 있다는 사실이 너무나 충격적이었다. 나도 아버지를 따라가고 싶다는 마음이 강하게 일었다. 모든 걸 내려놓고 싶었다. 당시 나는 '왜 우리 부모님은 나를 낳으셨을까?', '나는 왜 이 힘든 세상에 태어났을까?' 이런 생각을 많이 했다. 이런 생각들은 나를 영성과 사후세계를 공부하도록 이끌었다.

2022년 5월경 충북 옥천군 옥천읍에서 경리 일을 보고 있는 쉰두 살가량의 중년여성이 상담을 신청해왔다. 삶이 너무 힘든 나머지 유튜브에서 여러 영상을 찾아보다가 내 영상을 보게 되었다고 했다. 여러 편의 내 영상을 보다가 내가 쓴 책들을 읽게 되었는데, 밑바닥에서 시작해 성공한 나를 간절하게 만나보고 싶어서 찾아온 것이었다.

그녀의 사연을 들어보니 정말 기구하다고 할 수밖에 없다는 생각이 들었다. 그녀는 두 번의 이혼을 경험하면서 '나는 누구인가?'라는 의문을 가지게 되었고, 이는 자연스럽게 영적인 수행의 길로 이어지게 되었다. 그렇게 4년 동안 비구니 생활을 했다고 한다. 그러던 어느 날부터 몸이 아파 경제활동을 하지 못하면서 대체의학에 관심을 쏟기도 했다고 한다.

절에서 수행하면서 수많은 기도를 했지만 삶은 조금도 달라지지 않았다. 어떻게든 삶을 바꿔보기 위해 이런저런 공부도 하고 미용사 자격증과 한식 조리사 자격증, 심리상담사 2급 자격증도 취득했다. 여기에다 단학 수련, 마음 수련, 풍류도 수련 등을 했지만 삶은 제자리걸음이었다.

절에서의 수행이 자신에게 맞지 않는다는 생각에 절을 떠났고, 개인 회사 경리 일을 하면서 생계를 유지하고 있다고 했다. 그러면서 MKYU 김미경 대표의 '514챌린지' 새벽 기상을 실천하게 되었고, 자신도 성공하고 경제적 자유인이 되고 싶다는 욕망을 가지게 되었다고 한다. 그러던 중 나의 유튜브 영상과 내가 쓴 여러 권의 책을 읽고 상담을 신청하게 된 것이었다.

지금도 그녀가 나와의 첫 만남에서 했던 말이 생생하게 기억난다.

"저는 책을 쓰기 위해 찾아온 게 아니라, 밑바닥에서부터 크게 성공하신 김 도사님을 그저 한번 뵙고 싶었어요. 성공자의 좋은 기운을 느끼고 싶었어요. 그러면 왠지 모르게 저도 힘을 낼 수 있을 것 같아서요."

나는 그녀의 진솔한 말에 크게 감동했다. 한 시간 동안 상담하면서 나는 그녀의 말에 귀 기울이며 이렇게 말해주었다.

"시련은 변형된 축복입니다. 이제부터라도 더는 자격증을 공부하거나 취득하려 노력하지 마세요. 본인의 내면에는 그동안 살면서 알게 된 지식과 경험, 깨달음, 노하우라는 구슬이 서 말이나 있습니다. 이제 서 말이나 되는 그 구슬들을 꿰어서 보배가 될 수 있도록 도와드리겠습니다."

그러면서 나는 이렇게 덧붙였다.

"성공해서 책을 쓰는 것이 아니라 책을 써야 성공합니다!"

나는 이렇게 그녀에게 인생을 바꿀 수 있는 방법을 조언해주었다.

이날 책을 쓰기 위해 나를 찾아온 것은 아니었지만, 내 말을 다 듣고 나서 그녀는 자신에게 가장 필요한 게 무엇인지 깨달았다. 그녀는 5주 책 쓰기 교육 과정에 등록했다. 나는 그녀가 제출한 자기소개서를 읽어보고 그녀가 쓸 주제를 대신 기획해주었다. 그리고 제목과 목차 만드는 법을 완벽하게 숙지하도록 세세하게 코칭했다. 그녀가 만든 제목이 모호해 내가 직접 '나의 하루는 새벽 4시 30분에 감사로 시작된다'라는 제목을 만들어주었다. 2개월 후 이 제목을 그대로 달고 책이 출간되었다. 그녀가 바로 〈한책협〉 133기 김유니 작가다. 그녀는 나에게 상담을 받은 지 3개월 만에 자신의 이름으로 된 책을 출간하는 쾌거를 이루었다. 그 후 그녀는 〈한책협〉에서 진행하는 유튜브 영상 제작 과정, 블로그 마케팅 등을 수강했다.

책 출간 후 그녀의 삶은 백팔십도로 달라졌다. 나를 만나기 전에는 유명 작가와 유튜버들의 강연과 영상을 보는 데 그쳤지만, 지금은 직접 유튜브 채널을 개설해 유튜버로 활동하고 있다. 또한, 감사를 통해 삶의 기쁨을 전하는 메신저로서 소그룹 운영과 일대일 코칭을 진행하고 있다.

김유니 작가는 〈한책협〉 카페에 감사 후기를 수십 차례 올린 바 있다. 〈한책협〉 카페에 들어가면 그녀가 올린 후기를 확인할 수 있다.

"독자에서 작가로 살아갈 수 있는 첫 단추가 끼워졌습니다. 성공한 사람에게서 배운다는 것은 큰 행운이자 축복인 것 같습니다. 사람으로 태어나 이 세상에 이름 석 자를 남기는 기회를 누리게 됨에 감사합니다."

내게 책 쓰는 법을 잘 배운 그녀는 2023년 2월 《하루 5분 감사 명언 필사 100일의 기적》이라는 책도 펴냈다. 이외에도 여러 권의 책을 펴낸 그녀는 누구보다도 행복한 삶을 살고 있다. 그녀는 아무리 노력해도 삶이 좀처럼 나아지지 않았는데, 책을 쓰곤 인생의 모든 게 달라졌다고 한다. 글쓰기, 책 쓰기를 하면 그동안 자신이 겪은 시련들이 변형된 축복임을 알게 된다.

인간이 짓는 죄악 가운데는 자살도 포함되어 있다. 우리에겐 창조주로부터 부여받은 수명이 있다. 아무리 삶이 힘들어도 이 수명만큼은 다 살아내야 한다. 견디고 버텨내야 한다. 이 과정에서 우리는 이번 생에 자신이 배우고자 하는 덕목들을 학습하게 된다. 그런데 중간에 삶이 고통스럽다며 자신의 목숨을 끊으면 어떻게 될까? 파라마한사 요가난다(Paramahansa Yogananda)의 지혜를 담은 《카르마와 환생》이라는 책을 보면 자살한 영혼이 겪는 과정이 이렇게 묘사되어 있다.

"엄마 배 속에서 아이가 죽는 건 보통 전생에 자살한 영혼이 겪는 일이다. 이전에 배척당했던 사람이 다시 태어나는 과정에서 그 삶에 잠복해 있던 분노가 발작을 일으키는데, 그것이 지나치게 아이를 압박해 자궁에서 죽게 만드는 것이다. 과거의 생에 재물, 건강, 번영, 지혜 또는 영성을 얻은 사람은 처음부터 그런 혜택을 입고 현생에 태어난다. 마찬가지로 과거의 생에 가난, 질병, 나태로 인한 무지를 안고 살았던 사람은 비슷한 조건들을 안고 현생에 태어난다. 이것이 카르마 법칙, 즉 이전 생에 심은 것을 다음 생에 거둔다는 정당하고 지혜로운 법칙이다."

카르마 법칙은 인간들이 하느님에게 덮어씌운 오명(汚名), 그러니까 하느님이 사람을 차별해 누구는 머리를 좋게, 누구는 머리를 나쁘게 만드셨다는 오명을 벗겨준다고 한다. 동시에 인간 세상의 명백한 차별과 불평등의 까닭을 설명해준다. 그리고 모든 사람에게 희망을 준다. 누군가가 죄인이 된 이유는 부모로부터 나쁜 성향을 물려받아서가 아니라 본인이 과거의 생에 지은 죄로 인해 좋지 않은 부모를 스스로 선택한 까닭인 것이다.

이어서 사람이 백 살쯤 산다면 악에 저항해 선한 사람이 될 여지가 충분하다고 하겠지만, 다섯 살쯤 된 아이가 죽으면 이성(理性)을 활용해 제대로 삶을 선택하고 삶의 투쟁에서 승리할 시간이 없다고 강조한다. 어린아이가 일찍 죽는 것은 스스로 지은 과거의 허물 때문이니, 올바르게 처신할 수 있도록 다시 태어나 성숙할 때까지 다양한 인생 학교들을 거듭 거쳐야 한다고도 한다.

나는 영성과 사후세계를 공부하면서 배 속 아기가 유산되는 이유를 알게 되었다. 영적인 측면에서 말이다. 사람들은 배 속 아기가 유산되면 깊은 슬픔과 고통에 빠진다. 사람이라면 누구나 이런 감정을 겪는다. 하지만 우주적인 측면에서 본다면 인간이 태어나고 죽는 데는 우연이 없다. 창조주께서 만든 법칙 안에서 아기도 태어나고 누군가도 삶을 마감하는 것이다.

엄마 배 속에서 아이가 죽는 이유는 영적인 부분에서 보면 대부분 전생에서 자살했거나 살인과 같은 큰 죄를 지었기 때문이다. 특히 죽은 후 바로 환생한, 자살한 영혼은 전생에 지은 나쁜 카르마로 인해 엄마 배 속에서 몇 달간 머무르다 지상계를 떠나는 벌을 받는 거라고 보면 된다. 이런 방식으로 전생에 쌓은 업장을 소멸시켜 나가는 것이다.

영계에 있을 때 영혼들은 이승이 얼마나 힘든 곳인지 잘 안다. 그래서 환생하는 걸 극도로 두려워한다. 전생에 겪은 것과 같은 고통을 다시 겪는 힘든 경험을 해야 하기 때문이다. 우리가 살면서 신성과 의식의 성장에 힘쓰고 많은 지혜를 배운다면 천천히 이승에 환생하게 된다.

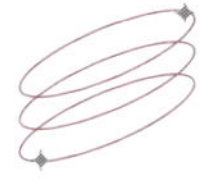

자살하면
지옥에 가는가?

"자살하면 지옥에 가나요?"

"그리스도인이 자살하면 지옥에 간다고 하는데, 맞나요?

많은 사람이 내게 이런 질문을 해온다. 지금의 삶이 너무나 힘들어 스스로 목숨을 끊으면 어떻게 되는지, 많은 생각을 하는 듯하다. 사실 과거의 나 역시 꿈을 이루기 위해 치열하게 살며 누구보다 힘든 무명작가의 세월을 보내야 했다. 당시 나는 하루에도 수십 번씩 자살을 떠올리곤 했다. 서울 고시원에서 생활하며 하루 한두 끼 라면만 먹으며 시와 글을 썼는데, 500번 이상 출판사로부터 외면당했다. 수없이 좌절하고 절망했던 그때의 기억이 지금도 생생하다. 고향 집에는 빚밖에 없는 데다 연로한 부모님은 건강이 좋지 않으셨다. 아무리 둘러봐도 나를 도와줄 사람은 하나도 없었다. 너무나 이루고 싶은 간절한 작가의 꿈, 베스트셀러 작가의 꿈이 있었지만, 절망감이 깊어지자 다 포기하고 싶은 마음뿐이었다. 그때 죽으면 끝인데, 왜 이런 고생을 하는 거지, 생각하곤 했다.

많은 사람이 자연사하면 천국 같은 좋은 곳에 가지만, 자살하면 지옥에 간다고 믿는다. 이런 믿음을 가진 사람 중엔 특히 기독교인들이 많다. 교회, 성당에서 목사와 신부로부터 그런 말을 들었기 때문이다. 하지만 종교가 일러주는 내용과 실제 사후세계를 체험한 사람들, 그리고 이전에 세상을 떠난 영혼들과 교신하며 알게 된 사실은 실제와 너무나 상반된다. 제대로 영성과 사후세계를 공부한 사람들은 자살해도 지옥에 가지 않는다는 걸 잘 알고 있다. 우리를 창조한 창조주께서 우리를 벌하기 위해 자유의지를 주신 것은 아니기 때문이다.

삶을 마친 영혼들과 교신하는 세계적인 영매 리사 윌리엄스는 저서 《죽음 이후의 또 다른 삶》에서 자살한 영혼이 겪는 과정을 이렇게 설명하고 있다.

"영혼이 스스로 목숨을 끊도록 이미 계획이 짜여 있는 때도 있다. 이는 부모와 가족 구성원들 모두가 얻어야 할 교훈을 얻게 하기 위해서다. 사람들은 좋아하지 않을지 모르지만 어떤 경우에는 치유를 위해 자살이라는 경험이 필요할 수도 있다. 보면 알겠지만, 우리가 사람들을 같은 가족으로 태어나게 할 때는 다 이유가 있는 것이다. 어떤 이들은 과거의 상처를 치유하기 위해 한 가족으로 태어나기도 한다. 다른 경우에는 다른 이들이 발전하고 진화하는 것을 돕기 위해 한 가족으로 태어나기도 한다."

그녀의 말에 의하면 어떤 영혼들은 영계에서 스스로 목숨을 끊도록 이미 계획하고 태어난다는 것이다. 나는 가족이나 친인척, 가까이했던 사람 중 자살한 사람이 있다면 그녀의 이 말을 기억했으면 좋겠나, 사살이 쏙 나쁜 것만은 아니라는 뜻이다. 어떤 영혼은 자신이 전생에 지은 카르마를 소멸시키기 위해 자살을 계획하고 태어나야만 하는 것이다. 그러니 누군가가 자살했다고 너무나 과도하게 슬퍼하거나 애도하지 않았으면 하는 게 내 개인적인 바람이다. 그 영혼은 자신의 계획대로 살다가 간 것이기 때문이다.

리사 윌리엄스는 자살한 영혼에 대해 또 이렇게 말한다.

"자살은 사람들이 삶을 포기하고 이 세상을 떠나려고 결정했기 때문에 일어난다. 물론 이 영혼들은 다시 돌아와야만 한다. 왜냐하면, 그들의 영혼은 치유 받은 후 다시 근원으로 돌아가 위안과 안도를 느끼고 이해를 구해야 하기 때문이다. 하지만 이 여정은 그들이 지상계에 오기 전부터 이미 예정되어 있었다. 이쪽 세계에서는 이 과정을 도와줄 인도령들이 기다리고 있고, 또한 영혼에 해결책을 제시해줄 자연스러운 여정을 잘 알고 있는 치유자들도 기다리고 있다. 이 치유자들은 매우 강력하며, 그들은 자주 성전에 가서 사람들이 각자의 삶에서 발전하며 나아갈 수 있도록 돕는 의식을 매일 거행하곤 한다."

사람들이 자살로 생을 마감했어도 그들의 영혼이 강력한 치유자들의 인도와 도움을 통해 자신의 삶을 돌아보고 삶에 복귀할 수 있도록 도움을 받는다는 사실은 안도감을 준다고 이어서 설명하고 있다.

"우리는 모두 자신이 다음 생에 어떤 삶을 살지 선택할 수 있다. 하지만 스스로 목숨을 마감한 이들은 특정한 교훈을 깨우쳐야 하는 만큼 선택의 폭이 좁아진다. 영혼들은 이 교훈을 깨우쳐주는 대상으로 어떤 가족 구성원이 가장 적합할지 인도령들의 조언을 받는다."

이번 생에서 자살할 계획이 없었는데 스스로 목숨을 끊으면 영혼은 복잡한 과정을 거치게 된다. 먼저 자살하게 된 원인이 있을 것이다. 그 원인은 자살한 영혼에 고통과 상처를 남겼을 테고. 자살한 영혼은 사후세계에서 여러 치유 과정을 거치게 된다. 그리고 전생을 돌아보게 되는데 자연사한 영혼들과는 비교할 수 없는 슬픔과 미련, 후회, 고통을 느끼게 된다. 모든 영혼은 다양한 체험을 통해 영적 성장과 진보를 이루려고 환생한다. 그런데 자살하면 삶에서 배울 수 있는 게 거의 없다. 그래서 충동을 이기지 못하고 스스로 목숨을 끊은 걸 크게 후회하게 된다.

앞서 소개한 미국의 유명한 영능력자 루스 몽고메리의 《아무것도 사라지지 않는다》라는 책에는 사후세계에 대한 놀라운 내용이 담겨 있다. 이 책을 보면 자살한 영혼들은 영계에서 오랜

시간 자살한 데 대한 부끄러움과 후회, 생전에 카르마를 해결하
지 못한 데 대한 괴로움을 겪는다고 한다. 이 책에 담겨 있는 내
용 가운데 일부를 옮겨보겠다.

"이런 사람들은 순간적인 광기로 인해 고통은 받았지만, 곧
자살을 유발한 일시적인 정신이상을 극복하게 된다. 그들은 깨
어나서 이런 문제들을 해결하고, 일시적인 광기를 일으키게 한
당시의 상황을 이해하며 사고로 죽어서 온 사람과 마찬가지로
빨리 이곳에 적응하게 된다. 좀 더 불행한 사람들도 있다. 그들
은 정신이 말짱한 상태에서 의도적으로 자살을 계획하고, 그 자
살로 인해 자신들의 영혼까지 파괴될 거로 생각한 사람들이다.
그러나 영혼의 파괴에는 성공하지 못한 그들의 문제는 그곳보
다 이곳에서 훨씬 더 심각하다. 왜냐하면, 문제는 하나도 해결되
지 않고, 언젠가는 이루어질 지상으로의 환생 때까지 문제가 연
기되기 때문이다."

"우리가 고통받는 영혼이라고 지칭하는 것은 바로 그들을 말
하는 것이다. 그들은 끊임없이 자살한 데 대한 부끄러움과 살아
생전에 자신이 문제를 해결하지 못했다는 분노 속에서 살게 된

다. 왜냐하면, 문제 해결에는 이곳보다 지상이 훨씬 더 유리하기 때문이다.

이곳에는 육체 상태의 문제를 해결할 수 있는 수단이 없다. 이곳 영계는 문제를 해결하는 곳이라기보다는 문제 해결 방법을 배우는 곳이다. 그러므로 이곳에서는 그가 다시 물질계의 육체로 환생할 때 어떤 추가적인 책임을 떠맡아야 하는지 배우기 위해 그가 저지른 과거의 잘못을 회고하고 또 회고하는 길고도 고통스러운 과정이 진행된다."

삶이 고통스럽다고 해서 자살해선 안 된다. 자살은 생각조차도 해선 안 된다고 말하고 싶다. 스스로 목숨을 끊으면 사후세계에서 오랜 시간 지상계의 삶과는 비교할 수 없는 외롭고 고통스러운 시간을 보내야 한다. 특히 자연사한 영혼은 지상계의 시간으로 따진다면 100년에서 150년 정도 시간을 보낸 후 환생하지만, 자살한 영혼엔 휴식 시간이 주어지지 않는다. 짧으면 몇 개월, 길어도 몇 년 안에 환생하게 된다. 이것이 영계의 시스템이다. 이 글을 보는 사람 중 그까짓 것 바로 환생하면 되지, 라고 생각하는 사람도 있을지 모르겠다. 하지만 영계에 있는 영혼들은 이 지상계의 삶이 얼마나 힘든지 잘 알고 있다. 오죽하면 지구를 감옥 행성이라고 할까. 영혼의 성장을 위해 윤회해야 하지만, 이 영혼들은 용기 있는 영혼들이라고 봐도 된다.

나는 현재 네이버 카페 〈한책협〉에서 영성과 사후세계, 마음 공부, 의식 성장과 부자 마인드 스쿨을 진행하고 있다. 어린 시절 부모로부터 받았던 상처 때문에 힘들어하거나, 우울증, 공황 장애 등으로 힘들어하는 사람들, 그리고 경제적 자유인이 되기를 바라는 사람들이 함께하고 있다. 그동안 수많은 사람이 내적 변화를 통한 물질적 풍요와 영적 풍요를 이루어냈다. 관심 있는 사람들이 〈한책협〉에 가입한다면 앞으로의 삶이 지금보다 훨씬 더 성장하고 풍요로워질 것이다.

여러 개의 유튜브 채널도 운영하고 있다. 글쓰기와 책 쓰기, 무자본 창업 등에 대한 영상과 더불어 사후세계의 내용이 담긴 영상을 업로드하고 있다. 그러다 보니 하루에도 여러 사람이 영상의 댓글이나 휴대전화 문자 메시지, 카카오톡 메시지로 죽음 이후 일어나는 일들에 대해 질문해온다. 그들이 보내온 메시지를 읽다 보면 죽고 싶어 하는 마음 이면에 간절히 잘살고 싶어 하는 마음이 담겨 있음을 알게 된다.

나는 지금 힘든 시기를 보내고 있는 사람들의 절박한 마음을 잘 알고 있다. 나의 지식과 경험, 깨달음, 노하우가 그들에게 미약하나마 위안과 평화, 삶의 희망을 가져다주었으면 하는 바람에서 이 책을 쓰고 있다.

우리는 모두 사후세계에서 이번 생을 계획하고 왔다. 각자 이번 생에서 무엇을 배우고 성취하기로 했는지 생각해보는 시간을 가진다면 삶의 무게가 좀 더 가벼워지지 않을까 싶다.

사고로 일가족이 죽으면
저승에서도 끝까지 함께할까?

"교통사고로 일가족이 동시에 죽으면 저승에서도 함께하나요?"

"천재지변이 일어나 일가족이 세상을 떠나면 함께 천국으로 가나요?"

"가족이 함께 죽어 저승에 갔을 때 마음이 맞는 사람하고만 지낼 수 있나요?"

많은 사람이 내게 물어오는 질문들이다. 사람들 대부분은 혼자서 세상을 떠난다. 그러다 보니 교통사고나 비행기 사고, 천재지변 등으로 일가족이 죽으면 저승에서도 함께하는지, 흩어지는지 궁금해한다. 이승에 비하면 저승은 더 복잡하고 정교한 법칙이 적용되는 곳이다. 인간적인 사고로 죽음 이후에 일어나는 과정을 이해하려고 하면 안 된다. 혼란만 가중되고 두려움만 커진다.

죽음 이후의 세계는 정신의 세계, 즉 영성의 세계다. 그래서 이번 생이 처음이자 마지막이라고 믿는 보통 사람에게 죽음 이후에 일어나는 일들을 설명하거나 이해시키기는 너무나 힘들다. 아니 불가능하다고 말하는 게 정확할 것이다.

육신의 옷을 입고 있는 인간으로 사는 지금, 죽음 이후의 세계에 대해 알고자 한다면 영성의 눈이 뜨이거나 영안이 열려야 가능하다.

인류 역사상 가장 유명한 사후세계자인 임마누엘 스베덴보리(Emanuel Swedenborg)가 있다. 그는 스웨덴의 천재 과학자로 27년간 사후세계에 다녀와 그 경험을 책으로 남겼다. 그는 책에서 우리가 죽었을 때 가장 먼저 가는 곳인 정령계에 대해 자세히 설명하고 있다. 또한, 한 가족이 동시에 죽음을 맞았을 때 영혼 세계에서 일어나는 일에 대해 자세히 설명하고 있다.

그는 이렇게 말한다.

"이 세상의 인간이 죽어서 제일 먼저 가는 곳이 바로 정령계다. 인간은 죽은 후 즉시 영이 되는 것이 아니라, 일단 정령이 되어 정령계에 들어간다. 그런 후 이곳에서 다시 영계로 들어가 그곳에서 영원한 삶을 보내는 영(靈)이 된다. 정령이 인간과 영의 중간적인 존재인 것처럼 정령계도 인간 세계인 이 세상의 물질계, 즉 자연계와 영계의 중간에 있는 세계다.

정령계가 얼마나 넓고 큰지, 실은 너무나도 넓고 커서 나 자신도 알 수 없을 정도인데, 매일매일 몇만, 아니 몇십만의 인간이 육체의 삶을 끝마치고 정령계로 들어오는 것만 보아도 그 광대무변함은 상상을 초월한다. 정령계는 이처럼 광대한 주위를 거대한 바위산과 빙산, 끝없이 이어지는 산봉우리들로 이루어진 웅장한 산맥이 둘러싼 그 안에 있다."

기독교인들은 우리가 죽으면 바로 천국이나 지옥으로 간다고 생각한다. 그러나 스베덴보리의 말에 의하면 죽었다고 해서 바로 영이 되는 것이 아니라 먼저 정령이 된다고 한다. 정령이 되어 정령계에서 얼마 동안 시간을 보내게 된다고 한다. 여기서 말하는 정령계란 성당에서 일컫는 연옥이다. 이곳은 인간이 사는 지상계와 영계의 중간에 있는 세계다. 이곳에서 어느 정도 시간을 보내게 하는 건 이승을 떠나온 영혼이 다른 차원에 적응할 수 있도록 배려하는 차원이 아닌가 싶다. 정령은 이곳에서 지상계에서 인간으로 살며 받았던 상처와 고통 등을 어느 정도 치유한 후 영계로 이동하게 된다.

스베덴보리는 사후세계에서 세상에서 예기치 않은 집단적 재난을 당해 정령계로 넘어온 일가족을 만난 일이 있다. 이럴 때 그 가족은 얼굴 모습이 비슷하다고 한다. 가족은 정령계에서 한곳에 모여 지내는 편인데, 한눈에 지상계에서 가족이었음을 알 수 있다는 것이다. 하지만 한 가족도 정령계에서 시간을 보내며 서서히 얼굴 모양에 변화가 생기게 된다. 또한, 가족들은 모두 같은 곳으로 가는 게 아니라 각자 다른 곳으로 흩어진다고 한다.

스베덴보리는 다음과 같이 말했다.

"이 세상에 있었을 때 한 가족이었다고 하더라도 정령계는 모르되 영계에서는 다른 단체에 속하면, 그때는 영원히 만나볼 수 없게 된다. 그리고 이 가족의 경우는 아버지와 아들, 어머니와 유아는 물론, 딸은 장래 이 영계로 오게 될 인간이었던 때의 연인과 같은 단체에 속하기를 희망하고 있었다. 그러나 결국은 전 가족이 다시는 만날 수 없는 별개의 영계 단체에 속해 흩어져 갔다. 방금 말한 이야기는 이 세상 사람들의 인정이나 상식으로 볼 때 너무나도 비정하다고 할 사람도 많으리라 생각한다. 그러나 이것이 영계의 법도다.”

인간으로 살 때 조화롭지 못했던 가족은 사후세계에선 함께하지 못한다. 정령계와 영계, 즉 영적 세계는 조화의 법칙에 지배받는다. 같은 기질의 영혼들끼리 어울리게 되는 것이다. 따라서 부부간에, 부모와 자식 간에 조화롭지 못하다면 사후의 다른 세계에서 다시 만날 일은 없다.

스베덴보리는 지상계와 마찬가지로 영계에도 무수히 많은 단체가 있다고 말한다. 어떻게 보면 영계에서의 삶이 지상계에서의 삶보다 더 바쁘다고 한다.

“영계에는 무수한 영의 단체가 있다. 영들은 누구나 다 자기에게 가장 적합한 단체에 속해 영원한 삶을 누린다. 인도하는 영이 나타나 죽은 사람의 영과 상념을 교환하는 것도 그 죽은 자의 영이 과연 인도하는 영과 같은 단체에 속할 수 있는 성질을 갖는지 어떤지를 알기 위해서다. 그러므로 이 상념의 교환을 통해 같은 단체에 속할 수 있는 성질을 새로운 영이 갖고 있다고 판단되면, 인도하는 영은 자기 스스로 죽은 자의 영을 영계[단, 처음에는 정령계(精靈界)이지만]로 인도해간다.”

반대로 그 죽은 자의 영이 다른 영계의 단체에 속해야 한다고 판단되면 이렇게 한다.

“죽은 자의 영을 육체 안에 그대로 둔 채 사라져 버린다. 이런 때 죽은 자의 영은 그 뒤 잇달아 나타나는, 인도하는 영에 의해서 자신이 장래에 속해야 할 단체가 확인될 때까지 육체 안에 남아 영의 삶을 보내게 된다.”

이 세상에서는 아무리 꼴 보기 싫고 죽도록 미운 사람일지라도 역시도 참으며 관계를 이어가야 한다. 하지만 영적 세계에서는 그렇지 않다. 서로 조화되지 않는 존재들끼리 함께하는 일은 없다. 지금의 가족 중 서로 맞지 않고 상처를 주는 사람이 있다면 사후세계에선 함께하지 않게 될 것이다.

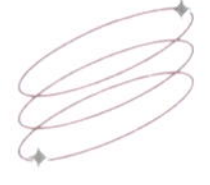

죽은 영혼을 위한 기도가
효과가 있는가?

"돌아가신 어머니를 위해 기도하면 도움이 되나요?"

"작년에 아버지께서 자살하셨는데 매일 드리는 기도가 도움이 될까요?"

나에게 이렇게 물어보는 사람들이 있다. 이 질문에 대한 답은 도움이 될 수도 있고, 안 될 수도 있다는 것이다. 조금 더 쉽게 설명하자면 돌아가신 분이 생전에 영성과 사후세계를 공부했는지, 어떤 업보를 지었는지, 세상을 떠날 때 어떤 모습이었는지에 따라 기도의 효과가 다르다는 말이다. 이에 대해선 차차 설명하겠다.

사람이 죽으면 영혼은 자신의 육체에서 3일 정도 시간을 보낸다. 그리고 인도령의 도움을 받아 정령계로 떠날 준비를 한다. 그런데 생전에 너무나 나쁜 죄를 많이 지었다면 저승에 가 염라대왕 앞에서 심판받고 지옥에 떨어지지 않을까 걱정한다. 그래서 너무나 두려운 나머지 저승으로 가는 발길이 떨어지지 않는다. 결국은 가지 않고 만다. 이외에도 이승에 대한 미련이 많은 영혼, 억울하게 죽은 영혼은 이곳을 떠나지 못한다.

많은 사람이 마음을 모아 죽은 사람을 추모하면 그 사람의 영혼에 좋은 영향을 줄 수 있다. 죽은 후 영혼은 불안감과 두려움에 휩싸이게 된다. 이때 진심이 담긴 많은 사람의 추모는 영혼에 사랑과 안정감, 평화의 기운을 가져다주게 된다. 이는 죽은 사람의 나쁜 기운을 어느 정도 소멸시켜줄 수 있다. 그러면 죽은 사람은 훨씬 가벼운 마음으로 사후세계로 건너갈 수 있다. 그러지 않고 죽은 사람이 안 좋은 기운을 계속 갖고 있으면 사후세계로 건너가지 못하게 된다.

죽은 이들 가운데 이승에서 끝마치지 못한 중요한 일이 있는 경우 미련을 떨쳐내지 못한다. 조금만 더 하면 마칠 수 있는데, 내가 없으면 일이 안 되는데…, 이런 생각을 하는 것이다. 그래서 자신의 육신은 이미 화장해 사라졌음에도 인간으로 살 때의 생각과 행동을 하는 경우가 많다.

아직 자녀들이 어린 경우라면 그 아이들의 안위가 염려된다. 더는 지상계로 되돌아갈 수 없는 상황임에도 계속 자녀들을 걱정하는 것이다. 그래서 다른 차원으로 넘어갈 수 없게 된다. 자꾸만 뒤를 돌아보게 되기 때문이다.

이런 상황에서 가족과 친지들, 친구들, 그 외 많은 사람이 그를 위해 기도하면 그 기운이 사자에게 전달된다. 그들의 마음과 좋은 에너지가 사자에게 가닿는 것이다. 무거웠던 마음이 좀 더 가벼워져 뒤를 돌아보는 횟수가 줄어들게 되는 것이다. 49재와 천도재를 지내는 이유가 이와 같다고 보면 된다. 사자의 힘든 마음을 달래 좋은 곳으로 갈 수 있도록 하는 것이다.

그런데 아무리 많은 사람이 추모하고 기도해도 효과가 없을 때도 있다. 수많은 사람이 추모한다고 해서 두려움, 미움, 분노, 복수심 때문에 이승과 사후세계 사이의 차원에 머물러 있기를 원하는 영혼이나 연옥에 가야 할 영혼이 바로 영계로 가는 일은 일어나지 않는다. 영적 세계는 인간 세상과 달리 오차가 없고 정확하기 때문이다.

지금부터 아무리 많은 사람이 추모하고 기도해도 도움이 안 되는 경우를 설명하겠다.

첫째, 생전에 나쁜 업을 많이 지은 경우

생전에 사람을 살상했거나 이기적인 욕심에 여러 사람의 마음을 고통스럽게 한 사람은 나쁜 카르마가 산처럼 쌓여 있을 것이다. 이런 사자는 자신이 지은 업장에 맞는 차원으로 가게 된다. 그리고 그곳에서 정해진 시간 동안 스스로를 돌아보는 과정을 거치게 된다. 따라서 아무리 추모하고 기도하더라도 효과가 없다.

둘째, 죽은 후 곧바로 지옥과 같은 저급한 차원으로 떠난 경우

어떤 영혼은 죽은 후 곧장 사후세계가 아닌 저급한 차원으로 떠나게 된다. 지상계에 있는 인간이 죽은 사람을 위해 기도하는 경우, 기도의 효과를 가장 크게 볼 수 있는 때는 아직 사후세계로 넘어가지 않았을 때다. 그런데 영혼이 지옥과 같은 저급한 차원으로 간 상태라면 기도의 효과는 나타나지 않는다.

물론 영혼이 다른 차원에 있더라도 자신을 위해 추모하고 기도하는 사람들의 마음은 전해진다. 지상계에 있는 사람들의 에너지가 사후세계에까지 전해지기 때문이다. 슬픔과 고통, 외로움이 가득한 세계에 있는 영혼에 자신을 추모하는 사람들의 마음이 전해질 때 죽은 사람의 마음은 더욱 슬프고 고통스러울 것이다.

티베트 불교의 구도자 파드마삼바바의 깨달음과 가르침이 담겨 있는 《티베트 사자의 서》에 나오는 내용 중 일부다.

"높은 깨달음을 얻은 명상 수행자들은 바르도 상태를 거치지 않고 곧바로 대평화의 니르바나에 들어가거나, 아니면 육신을 버리자마자 곧바로 이 세상에 환생한다. 그리고 이 모든 과정에 그는 줄곧 깨어 있는 의식 상태를 유지한다. 인간은 생각하는 대로 된다. 그것은 이 세상에서나 저세상에서나 마찬가지다. 생각이 곧 현상이고, 선하든 악하든 생각이 모든 행위의 모태다. 그리고 누구나 뿌린 대로 거두게 될 것이다."

매우 예외적인 악행자는 지옥에 떨어질 수도 있지만, 일반인들의 경우는 자신의 부도덕한 행위들에 대해 속죄하면 다시 인간 존재로 환생한다고 한다.

"사자가 얼마 동안 사후세계의 중간 상태에 머물러 있는지는 각자의 카르마에 달려 있다. 그러나 49일이라는 상징적인 기간 안에 이 중간 상태에서 탈출해 환생에 성공하지 못한 사자는 계속 모든 카르마의 환영에 시달려야만 한다. 때에 따라 그 환영은 즐거운 것일 수도 있고 고통스러운 것일 수도 있지만, 다음 과정으로 나아가는 건 불가능해진다. 사후 니르바나의 경지를 성취하는 깨달음은 얻기 힘들더라도, 일반인들이 불성을 깨달을 수 있는 유일한 희망은 다시 인간 존재로 태어나는 것이다."

우리가 사는 지상계뿐만 아니라 사후세계에서도 아무리 큰 잘못을 저지른 영혼이더라도 속죄의 기회는 주어진다. 어떤 영혼이 아무리 큰 죄를 지었다고 하더라도 자신이 저지른 잘못에 대해 속죄한다면 다시 인간으로 환생하는 기회를 부여받는다. 패자부활전이 가능하다는 뜻이다.

세상을 떠난 사자를 과도하게 가슴 아파하거나 추모할 필요는 없다. 누구나 겪는 과정을 겪고 있을 뿐이니까. 중요한 것은 세상을 떠난 사람에 대한 과도한 애도는 오히려 사자에게 고통을 주게 된다는 것이다. 그들이 연옥에 있든, 천계나 지옥에 있든 지상계에 있는 사람들의 마음이 그대로 전해지기 때문이다.

죽음을 맞은 영혼들은 모두 사후세계에서 자신에게 주어진 과업을 수행하며 분주하게 보낸다. 그런데 과도한 추모와 기도는 그런 그들을 지상으로 다시 끌어당기게 된다. 이는 마치 물에 빠진 사람이 젖은 옷의 무게 탓에 점점 더 물속으로 가라앉는 것과 같다.

나는 돌아가신 분을 지나치게 애도하고 추모하는 사람들에게 이렇게 조언한다.

"돌아가신 분에 대한 과도한 애도와 추모는 그분을 더 힘들게 합니다. 저승에 가 있는 그분을 다시 이승으로 부르는 것과 같기 때문입니다. 살아 있는 사람과 죽은 사람 모두에게 좋지 않습니다."

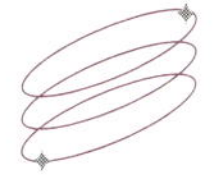

죽은 사람과 소통하는
3가지 방법

가족이나 친척, 지인 중 누군가가 세상을 떠났다면 그 슬픔과 고통은 이루 말할 수 없을 것이다. 종교를 믿거나 영성과 사후세계를 공부하는 사람 역시 마찬가지다. 죽음은 우리가 이 세상에서의 미션을 완수했을 때 찾아온다. 때론 예기치 않게 스스로 목숨을 해하는 자살과 같은 일이 일어나기도 한다. 이런 경우는 극히 드물지만 말이다. 대부분의 자살은 영계의 관점에서 볼 때 전생에 쌓은 카르마의 소멸을 위한 삶의 계획 중의 일부이기도 하다.

우리는 소중한 사람을 떠나보낸 후 한동안 그리움에서 벗어나지 못한다. 어떤 사람은 수십 년이 지나도록 그리움이 옅어지지 않는다. 최근에 돌아가신 어머니가 너무 그리워 나에게 상담을 요청해온 사람이 있다. 그분은 몇 년 전 병으로 세상을 떠난 어머니의 생전에 잘해드리지 못한 게 너무 한이 된다고 토로했다. 하루에도 수십 번씩 어머니를 생각하는데 돌아가신 후 몇 번 정도 꿈에 나오시더니 더는 나오지 않는다는 것이었다. 그러면서 내게 어떻게 하면 꿈속에서라도 어머니를 만날 수 있을지 방법을 알려달라고 부탁했다. 요즘 이런 분들이 참 많아진 듯하다. 그 이유로 예전보다 지금의 삶이 더 힘들어졌기 때문이 아닐까 생각해본다. 삶은 힘든데 자신의 마음을 이해해주거나 무조건 응원해주는 사람이 별로 없기 때문일 것이다. 그러다 보니 돌아가신 부모님이나 형제에 대한 그리움이 큰 것 같다.

많은 사람이 죽으면 소통하는 게 불가능하다고 생각한다. 눈으로 볼 수 있는 육신이 화장되어 사라졌기 때문에 그렇게 생각하는 것은 어쩌면 당연할 터. 하지만 영계의 법도를 알고 나면 이는 그릇된 생각이라는 걸 깨닫게 된다. 영혼에는 죽음이라는 게 없기 때문이다. 우리가 알고 있는 죽음 같은 것은 영혼에는 없다. 우리가 사고나 재해, 병으로 세상을 떠나게 되더라도 육신만 사라지지 영혼은 사라지지 않는다. 인간의 눈에 보이지 않는 차원으로 이동해가는 것일 뿐이다. 죽음을 정확하게 묘사하자면 차원 이동이다. 지상계에서 영혼의 세계로 이동하는 것이니까.

죽은 사람의 영혼을 정말 만날 수 있을까? 먼저 세상을 떠난 부모님을 만나 안부도 묻고 대화도 나눌 수 있을까? 내 대답은 '그렇다'다. 다만 죽은 사람은 육신이라는 옷을 입고 있는 우리와는 다른 방법으로 소통해야 한다는 것을 알아야 한다. 죽은 사람과 소통하는 방법으론 여러 가지가 있다. 그 가운데 영혼들이 주로 사용하는 3가지 방법이 있다.

지금부터 소개하는 이 3가지만 알아도 돌아가신 분들과 교감할 수 있을뿐더러 소통 또한 할 수 있을 것이다.

첫째, 꿈을 통해 소통한다.

죽은 사람은 물질로 이루어진 육신이 없다. 그래서 죽은 사람이 살아 있는 사람과 가장 쉽게 소통하는 방법은 꿈이다. 우리가 잠잘 때, 꿈꿀 때 죽은 사람이 꿈속으로 들어오는 것이다. 예를 들어, 어젯밤에 돌아가신 아버지가 나타나 어떤 선물을 주셨다고 가정해보자. 아버지의 영혼이 실제로 자식의 꿈속에 등장하신 셈이다.

죽은 사람은 때로 자신이 소통하고 싶어 하는 사람의 꿈속에 들어가 자신의 메시지를 전달하려고 꿈을 창조하기도 한다. 어떤 경우에는 꿈속에 여러 이미지를 추가해 꿈을 편집하기도 한다. 이는 마치 우리 유튜버가 영상을 제작할 때 여러 이미지를 추가하는 것과 같다. 죽은 사람이 꿈에 나왔을 때는 그냥 꿈이라고 여겨선 안 된다. 어떤 메시지를 전달하기 위해 찾아오셨다는 것을 기억해야 한다.

둘째, 노래를 통해 메시지를 전달한다.

죽은 사람은 때로 노래를 통해 상대에게 메시지를 전달한다. 한 가지 예를 들어보겠다. 어떤 부인이 몇 년 전 교통사고로 떠나보낸 남편과 특정한 노래를 즐겨 들었다. 자주 남편을 그리워하면서 힘든 시간을 보내고 있었다. 그러던 중 한 지인이 공동 창업을 하자고 거듭 설득하는 바람에 어쩔 수 없이 함께하기로 했다. 마음은 영 내키지 않았지만 말이다. 그런데 며칠 전부터 자꾸만 남편이 좋아했던 노래를 라디오와 유튜브에서 듣게 되었다. 죽은 남편이 떠오르는 건 당연지사. 이처럼 고인이 생전에 좋아했던 음악을 며칠 동안 반복적으로 듣게 되면 거기에 어떤 메시지가 담겨 있음을 알아채야 한다. 바로 지인과의 공동 창업은 절대 안 된다는 메시지를 전하려는 것이다.

셋째, 직접 모습을 드러내어 소통한다.

우리는 누군가와 전화나 카카오톡으로 대화할 때 상대가 잘 이해하지 못하면 답답함을 느낀다. 알려주고 싶은 메시지가 너무나 중요한 것이라면 만나서 이야기하자고도 한다. 이는 죽은 사람 역시 마찬가지다. 살아 있는 사람의 꿈을 통해, 또는 반복된 노래를 통해 메시지를 들려주었는데도 상대가 알아차리지 못하면 죽은 사람이더라도 너무나 답답할 건 인지상정. 답답함을 넘어 안타까움이 크기도 할 터. 다른 차원으로 옮아간 영혼은 미래에 어떤 일이 일어날지 알기 때문이다.

죽은 사람은 긴박한 상황일 때 직접 모습을 드러내기도 한다. 생전에 특별하게 생각했던 사람, 특히 자녀나 손주, 과거 은혜를 입은 사람의 눈앞에 자신의 모습을 보이는 것이다. 웃고 있는 얼굴, 화난 얼굴, 근심 어린 얼굴 등으로 무언의 암시를 주는 것이다. 죽은 사람은 우리와 같은 육신이 없어 말을 할 수는 없다. 그래서 느낌으로 생각이나 메시지를 전한다.

죽은 사람과 소통하는 3가지 방법을 설명했다.

많은 사람이 돌아가신 어머니, 아버지, 혹은 형제가 너무 그립다며 꿈속에서라도 만날 수 있는지 도움을 요청해온다. 내가 운영하는 네이버 카페 〈한책협〉에 가입해 일대일 상담을 신청하시는 분들도 많다. 경제적 어려움에서 벗어나고 싶은 어떤 분들은 회사 사무실로 전화해 당장 나를 만나야 한다고 생떼를 부리기도 한다.

힘든 고민이 있는 분들 가운데 꼭 나를 만나고자 하는 분들을 위해 나의 직통 전화번호를 알려주겠다. '010-7286-7232.' 이 번호로 문자 메시지를 보내거나 전화하면 내가 최대한 빨리 답신을 주겠다.

어떤 고민거리가 있거나 힘든 문제가 생겼을 때 그 분야 최고의 전문가에게 조언을 구하면 쉽게 해결할 수 있다. 그런데 가깝다는 이유로, 믿어준다는 이유로 가족이나 지인들에게 고민을 토로했다가 더 큰 낭패를 보는 사람들도 많다. 고민을 털어놓은 게 오히려 약점으로 작용해 마음고생을 하는 분들을 너무나 많이 봤다. 영적인 문제, 경제적 어려움, 진로, 종교 생활에 대한 괴로움 등의 고민이 있다면 반드시 나를 찾아와 조언을 구하길 바란다.

현재 내가 운영하고 있는는 유튜브 채널 〈라엘 - 금성에서 온 남자〉, 〈금성에서 온 남자 슈카이브〉에 업로드되어 있는 영상들을 참고해도 많은 도움이 될 것이다.

육신을 벗고 다른 차원으로 이동해간 사람이 살아 있는 사람의 꿈에 나오는 것은 좋지 않다. 죽은 사람은 영계에서 다양한 과정을 밟느라 분주하기 때문이다. 그런데 고인이 자주 꿈에 나온다면? 좋은 일보다 어떤 어려움이 생길 수 있음을 암시하는 것이다. 이럴 땐 자신과 주변을 돌아보는 것이 바람직하다.

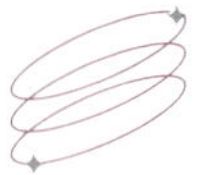

반려동물의
전생과 인연, 윤회

사람이나 동물이나 죽음으로 인한 이별은 정말 슬프고 아프고 힘들다. 가족처럼 함께하던 반려동물과의 이별은 반려인들에게 이루 말할 수 없는 상실감과 우울감을 가져다준다.

많은 사람이 자신의 반려동물이 무지개다리를 건너갈 때면 펫로스증후군에 시달린다. 펫로스증후군이란, 반려동물이 세상을 떠난 후 겪는 정신적 어려움을 호소하는 증상이다. 가족의 죽음은 흔하지 않은 일이라, 반려동물의 죽음은 더 슬프게 다가온다. 반려동물이 세상을 떠나면 좀 더 잘 돌보지 못했다는 미안함과 죄책감이 밀려든다. 자신 때문에 그 애가 세상을 떠났다고 생각하는 경우가 많다. 반려동물의 죽음으로 인해 우울증을 겪다가 심지어 극단적인 선택을 하는 사람들도 있다.

반려동물은 대체로 15년 정도의 삶을 산다. 그동안 주인에게 100% 의존한다. 주인이 출근하고 나면 반려동물 대부분은 주인이 올 때까지 아무것도 하지 않고 엎드려서 주인만을 기다린다. 온종일 주인 생각만 하면서 말이다. 그들에게 주인은 세상 전부이기 때문이다. 그러다 보니 반려동물과 이별하고 나면 후회가 파도처럼 밀려오게 마련이다. 간식과 밥을 좀 더 잘 챙겨줬더라면, 영양제라도 잘 먹였더라면, 산책을 좀 더 자주 시켰더라면, 좋은 추억을 더 많이 만들었더라면…. 이렇게 자책하면서.

2022년 6월 27일, 대구에서 중소기업을 운영하는 한 중년여성이 상담을 신청해왔다. 이분은 내 앞에 앉자마자 펑펑 울음을 터뜨렸다. 처음 보는 내 앞에서 오열하다시피 우셔서 최근에 집안의 누군가가 돌아가셨나 보다 생각했다. 그런데 그것이 아니었다. 자식보다 더 애지중지하며 키우던 반려견이 갑작스레 죽은 것이었다. 사연을 듣다 보니 2년 전 너무나 아끼던 반려견 한 마리를 떠나보낸 나까지 눈물이 났다. 너무나 가슴이 아팠던 그녀의 사연은 이랬다.

이분은 원래 강아지를 좋아하지 않았다. 그런데 어느 날 갑자기 남편이 어린 강아지를 분양해왔다. 처음에는 강아지 자체가 너무 싫었다. 남편에게 왜 일언반구도 없이 강아지를 데려왔느냐며 화를 내기도 했다. 강아지에게 아무런 관심도 주지 않았음은 물론이다. 그렇게 시간은 흘렀고, 그녀는 점차 강아지에게 관심을 기울이며 애정을 쏟게 되었다. 그러던 중 2021년 어느 무더운 가을날 남편이 강아지를 데리고 농장엘 가게 되었다. 그녀는 그날따라 강아지를 보내기 싫었다고 했다. 사고는 바로 그날 터졌다.

농장에 도착한 남편은 강아지도 내려준 줄 알고 차 문을 닫고 말았다. 강아지가 차 안에 갇혀 있다는 걸 깨닫게 된 건 한참 시간이 지난 후였다. 급히 가보니 너무나 뜨겁게 달아오른 차 안에서 강아지는 이미 죽어 있었다고 한다. 그렇게 허망하게 반려견을 떠나보냈다고 했다. 그 후로 마음이 너무나 괴롭고 힘든 나머지 심한 우울증에 걸렸다고 한다. 자신으로 인해 강아지가 죽었다는 죄책감 때문이었다.

농장에 강아지를 데리고 간 남편을 한없이 미워하고 원망하기도 했다. 그렇게 반려견이 죽은 지 며칠간 너무 힘들어하고 있

는데 남편이 그런 아내를 위해 또 다른 새끼강아지를 분양받아
왔단다.

이때도 이분은 남편에게 안 그래도 너무 힘든데 무슨 강아지
를 또 데리고 왔느냐며 화를 냈다고 한다. 남편 때문에 첫 번째
강아지가 무지개다리를 건너갔다는 원망이 파도처럼 밀려오는
걸 느끼면서. 그렇게 며칠이 지났고, 그녀는 다시 새로 데려온 강
아지에게 애정을 쏟게 되었다. 첫 번째 강아지에게 해주지 못한
부분까지 잘해주자고 다짐하면서. 그렇게 두 번째 강아지에게
마음을 쏟으면서 얼마 전 세상을 떠난 반려견에 대한 죄책감을
덜어내고 있었는데, 믿을 수 없는 일이 일어났다.

부처님 오신 날, 절에 가 세상을 떠난 반려견을 위해 공양을
했다고 한다. 그런데 다음 날 일어나보니 두 번째 강아지가 죽
어 있었다는 것이다. 그녀는 너무나 큰 충격에 휩싸였다고 했다.
이때부터 우울증은 더 깊어졌고, 첫 번째 반려견에 이어 두 번째
반려견마저 허망하게 떠나보내자 불안감과 두려움이 엄습해왔
다. 설상가상으로 잘되던 사업도 어려움을 겪게 되었고, 어느새
삶이 무너져내리기 시작했다.

이때 이분이 내가 운영하는 유튜브 채널 가운데 〈라엘 - 금성에서 온 남자〉를 보게 된 것이었다. 이 채널에 업로드되어 있는 의식 성장, 내면 치유, 사후세계에 관한 영상을 보면서 어느 정도 마음을 추스를 수 있었다는 것이다. 그러다 내가 쓴 책들을 읽고 용기 내어 나를 찾아왔다고 했다. 처음 이분을 만난 그날이 지금도 생생히 기억난다.

나는 그분에게 나와 12년을 함께 살다가 2년 전 무지개다리를 건너간 요크셔테리어 쥐방울 이야기를 들려주었다. 나의 큰아들과 같았던 쥐방울은 몸무게가 1.2kg밖에 나가지 않는 아주 작은 미니종이었다. 시간이 흘러 노견이 된 쥐방울은 눈이 잘 안 보이기 시작했고, 나는 강남의 안과 전문 동물병원에서 쥐방울의 눈 한쪽 각막을 수술해주었다. 그리고 나서 두 달 후 세상을 떠난 쥐방울 이야기를 들려주다가 함께 울었던 기억이 있다.

나는 이분에게 두 마리의 반려견들과 함께했던 추억들을 글로 써보라고 했다. 글을 쓰다 보면 내면에 가득 쌓여 있는, 반려견들에 대한 미안함과 죄책감, 후회 같은 감정들이 눈 녹듯 사라질 것이라 말하면서. 대신 그 자리에 반려견들과 함께한 추억들,

고마움, 사랑 등의 감정이 가득 채워질 거라고 조언해주면서. 책이 출간되면 반려견을 떠나보낸 사람들 가운데 본인과 같은 펫로스증후군을 겪는 사람들에게 큰 위로와 용기를 줄 거라고 말해주었다.

이날 그녀는 〈한책협〉에서 운영하는 5주 책 쓰기 교육 과정에 등록했다. 처음에 그녀는 몇 번이나 글을 안 써본 사람인데 책을 쓰는 게 가능할지 자신 없어 했다. 그러던 그녀의 모습이 지금도 눈에 선하다. 나는 이분이 써온 자기소개서를 읽어본 후 그녀에게 쉽게 책 쓰기를 할 수 있는 주제를 선정해주었다. 그러곤 제목과 목차 만드는 방법을 아주 자세히 알려주었다. 이분이 직접 뽑은 제목과 목차를 이메일로 받아 첨삭해주었음은 물론이다.

이런 과정을 통해 이분은 빠르게 원고를 작성해나가기 시작했다. 그러곤 나를 만난 지 두 달이 채 지나지 않은 2022년 8월 23일에 '펫로스, 멈춰버린 삶'이라는 가제목으로 한 출판사와 출판 계약을 맺는 데 성공했다. 책은 곧 출간되었다. 이분이 바로 펫로스증후군으로 힘들어하다가 반려견들과 함께했던 이야기를 담은 책을 써낸 이영순 작가다.

다음은 이영순 작가가 2개월여 만에 자신을 작가로 만들어준

네이버 카페 〈한책협〉에 직접 올린 후기다.

　'불안감을 떨쳐내기 위해 유튜브 영상을 보다가 대표님의 〈라엘 – 금성에서 온 남자〉 채널을 구독하게 되었다. 운명이었을까? 지금 돌이켜보면 알고리즘이 나를 김태광 대표님께로 이끌어주었다는 느낌이 든다. 무작정 대표님을 찾아갔다. 처음 보는 분임에도 펑펑 울면서 속엣말을 쏟아낼 수 있었다. 대표님께서는 자신의 실제 경험담을 얘기해주시면서 따뜻한 위로와 조언을 건네셨다.

　매일 밤 불안에 떨면서 가위에 눌릴까 봐 잠을 설친 게 하루 이틀이 아니었다. 이 글을 쓰면서 나의 심리 상태는 한층 안정되어가고 있고, 나의 트레이드 마크인 함박웃음도 간간이 웃게 된다. 이 모든 변화는 〈한책협〉 김태광 대표님과의 인연에서 비롯되었다. 나는 지금까지의 시각에서 탈피해 완전히 다른 관점에서 세상을 보게 되었다.'

　반려동물이 죽은 후 극심한 고통에 시달리는 이유는 사람과는 다른 반려동물의 특성 때문이다. 사람은 어릴 때는 부모의 도움을 받다가 때가 되면 독립한다. 그러나 반려동물은 나이를 먹어도 항상 주인만 바라보며 주인의 손길을 기다린다. 마치 엄마 없이는 생존하지 못하는 아기와 같다. 반려동물은 삶을 마칠 때까지 주인이 세심하게 돌봐줘야 하는 존재인 것이다. 그러면서도 주인이 힘들 때면 곁에서 묵묵히 이야기를 들어주고, 위로해주고, 힘이 되어주는 친구이자 자식과 같은 존재다. 그 때문에 반려동물을 잃고 나서 깊은 상실감과 우울감에 빠지는 분들이 많다.

그들을 위해 펫로스증후군 극복 방법을 알려주고자 한다.

첫째, 반려동물이 없는 현실을 받아들이려 노력한다.

모든 생명체는 태어나 원래 있던 곳으로 돌아간다. 그러므로 반려동물이 눈에 보이지 않는다고 해서 영원히 사라진 건 아니다. 인간에게 영혼이 있는 것처럼 반려동물에게도 영혼이 있다. 우리가 사주 반려동물을 생각하며 그리워하듯 반려동물들도 우리와 함께한 추억을 떠올리고 반추한다. 우리와 다시 만날 날을 기다리면서.

둘째, 슬픈 감정을 충분히 느낀다.

반려동물은 둘도 없는 친구이자 첫 번째 친구다. 슬픈 감정이 올라오면 애써 억누르려고 하지 마라. 충분히 슬퍼하는 게 오히려 도움이 된다. 그렇게 할 때 마음의 치유도 시작된다.

셋째, 반려동물의 사진첩을 만들어 추억을 되새긴다.

한동안은 사진 한 장 쳐다볼 수 없을 정도로 힘들 것이다. 함께했던 모습이 담긴 동영상을 보노라면 눈물이 주르륵 흐를 것이다. 길에서 주인과 산책하는 강아지들만 봐도 눈시울이 뜨거워지거나 눈물이 날 것이다. 그런 시간이 어느 정도 흐르고 나면 이제 반려동물의 사진첩을 만들어보자. 슬픈 감정의 자리에 어느새 행복한 감정이 들어설 것이다.

넷째, 반려동물이 내게 어떤 의미였는지 생각해본다.

그동안 반려동물이 내게 어떤 존재였는지 생각해본다. 그 아이가 지구상의 수많은 사람 중 왜 나에게 왔었는지를 생각해보는 것이다. 반려동물이 자신에게 어떤 의미였는지 하나하나 반추하다 보면 자신도 모르게 위로를 받게 된다. 그 아이를 위해서라도 그만 힘들어하고 열심히 살아야겠다는 의지가 생겨나기 시작한다.

다섯째, 반려동물을 떠나보낸 사람들과 감정을 공유한다.

혼자 힘든 시간을 견디기보다 반려동물을 떠나보낸 사람들과 함께 소통하는 것도 큰 힘이 된다. 꼭 오프라인이 아니더라도 온라인상에서 그들에게 자신의 감정을 털어놓아 보자. 서로 얼굴은 모르지만, 반려동물을 사랑하는 사람으로서 당신을 진심으로 위로해줄 것이다. 그리고 서로 무지개다리를 건너간 반려동물을 위해 기도하고 응원한다면 더 큰 힘이 될 것이다.

여섯째, 다른 반려동물을 너무 급히 들이지 않는다.

반려동물이 죽은 후 너무나 상실감이 큰 나머지 급히 그 아이의 빈 자리를 채우는 사람들이 있다. 그렇게 급히 다른 반려동물을 들이면 당장은 위로가 될 것이다. 하지만 자신도 모르게 먼저 간 반려동물에게 미안한 마음이 생겨난다. 오히려 마음이 더 힘들어질 수도 있다. 떠나간 반려동물에 대한 감정이 어느 정도 안정뇌었을 때 새로운 친구를 입양하는 섯이 좋다.

일곱째, 자책하지 않는다.

반려동물과 이별하게 되면 누구나 자책감에 사로잡힌다. 그동안 잘해주지 못한 것만 기억하며 죄책감을 느낀다. 간식을 더 잘 챙겨주고 좀 더 세심하게 살펴봤더라면, 좋은 추억을 더 많이 만들었더라면…, 끝없이 자책하는 것이다. 하지만 절대 이렇게 자책해선 안 된다. 모든 생명체는 창조주로부터 부여받은 수명만큼 살다가 원래 있던 곳으로 떠나기 때문이다. 반려동물이 이번 삶을 끝마친 이유는 자신의 사명을 다했기 때문임을 기억하자.

반려동물은 우리를 위로하고 대가 없는 사랑이 무엇인지 알려주려 찾아온 천사 같은 존재다. 지금 반려동물이 눈앞에 보이지 않는다고 영원히 사라진 게 아니다. 반려동물에게도 우리 인간처럼 각자 맡은 사명이 있다. 이번 삶에서 다양한 체험을 하며 깨달음을 얻으려는 것 말이다. 영혼의 성장과 진보를 이루기 위해서. 반려동물 역시 지구별에 거듭 태어나며 윤회하는 이유다.

반려동물에게도
사후세계가 있는가?

우리는 3년 전까지만 하더라도 세 마리의 반려견들과 함께 살았다. 12년을 함께한 큰아이 쥐방울과 13년간 함께한 땅콩이, 그리고 까망이가 그들이다. 쥐방울은 요크셔테리어 종으로 1.2kg에 불과한 미니견이었고, 땅콩은 푸들 종이었으며, 까망이는 8년 된 닥스훈트 종이었다. 그중 너무나 아끼고 사랑했던 아이 쥐방울은 2020년 9월 14일 무지개다리를 건너갔다.

세상을 떠나기 2개월 전 쥐방울은 다른 노견들처럼 눈의 시력을 조금씩 잃어가고 있었다. 강남의 안과 전문 동물병원에서 검사해보니 한쪽 눈은 이미 시력을 많이 잃은 상태였다. 그나마 한쪽 눈은 수술이 가능한 상태였고. 그런데다 체구가 너무 작고 나이가 많아 마취와 수술을 견뎌낼 수 있을지가 마음에 걸렸다. 하지만 얼마 후면 쥐방울의 두 눈이 안 보이리라 생각하니, 쥐방울이 얼마나 답답해할지 그 부분도 염려되었다.

고민 끝에 우리 부부는 여러 검사를 거친 후 한쪽 눈만 각막 수술을 시켜주기로 했다. 수술 당일 쥐방울은 간호사의 품에 안겨 수술실로 들어가게 되었다. 그때 온몸을 부들부들 떨며 우리를 바라보던 쥐방울의 눈망울이 지금도 눈에 선하다.

수술 후 우리는 쥐방울이 최대한 아픔을 느끼지 않고 얼른 회복되었으면 싶었다. 우리 부부는 매일 하루 다섯 번 정도 두 종류의 안약을 쥐방울의 눈에 넣어주었다. 새벽에도 알람을 맞춰놓고 일어나 수술받은 쥐방울의 한쪽 눈에 안약을 넣어주며 상태를 지켜봤다.

쥐방울은 체구도 너무 작은 데다 나이가 많아서인지 어느 날부터 토를 하고 밥을 잘 안 먹기 시작했다. 우린 쥐방울을 급히 동물병원으로 데려가 입원시켰다. 그리고 난 며칠 후 동물병원에서 다급하게 전화가 걸려왔다. 쥐방울이 곧 세상을 떠날 것 같다는 소식이었다. 패혈증이 심해져 손을 쓸 수 없게 되었다고 했다.

나는 아내와 함께 급히 차를 몰고 동물병원으로 향했다. 도착해보니 쥐방울은 이미 무지개다리를 건너가 몸이 싸늘하게 식어 있었다. 나는 떨리는 손길로 쥐방울의 몸을 어루만졌다. 발도 만져보고 머리도, 코도 만져봤다. 쥐방울은 조금의 움직임도 보이지 않았다. 참으려 했지만, 코끝이 찡해지면서 내 눈에선 뜨거운 눈물이 흘러내렸다. 1.2kg에 불과한 작은 몸의 쥐방울은 그렇게 우리 곁을 떠났다. 내가 쥐방울의 눈을 수술시키지 않았더라면 지금쯤 함께 살고 있을 텐데…, 이런 생각이 수시로 들었다. 쥐방울의 유골을 내 서재에 두고 나는 자주 쥐방울과 함께했던 추억을 곱씹는다.

나는 현재 영성과 사후세계를 다루는 여러 유튜브 채널을 운영하고 있다. 이 채널에서 반려동물이 죽어서 가는 천국의 영상을 여러 번 올린 바 있다. 그 후 여러 사람이 사랑했던 반려견이 죽으면 그 영혼이 어떻게 되는지 알려달라고 요청해왔다. 그래서 반려견, 반려묘 등 동물들의 사후세계를 이야기해볼까 한다.

많은 사람이 반려동물의 전생과 인연, 윤회, 사후에 어떤 삶을 살아가는지 궁금증을 갖는다. 이를 해소할 수 있도록 비교적 자세하게 반려동물들의 사후세계를 설명해보겠다. 반려견은 스스로가 영적 존재임을 잘 알고 있다. 그리고 인간처럼 생각이 복잡하지 않고 단순해서 죽음을 두려워하지 않는다. 우리 인간은 지금의 삶에 집착하지만, 반려동물은 인간과 달리 육체에 집착하지 않는다. 그래서 죽음이 찾아오면 다음 단계로 나아가기 위한 준비를 한다. 이때 찾아오는 존재들이 있다. 반려동물과 과거에 인연이 있었던 천계의 동물과 인도령이다. 반려동물을 사후세계로 인도하기 위해 찾아오는 것이다. 반려동물 역시 우리 인간과 마찬가지로 영적인 존재다. 영원히 성장, 진화해나가는 삶을 산다. 이번 생을 마친 반려동물의 영혼은 한동안 동물들이 사는 천계에서 지내게 된다.

동물이 인간과 다른 점은 지금 현재에 집중한다는 것이다. 인간은 과거를 회상하면서 후회하거나 슬퍼하고 우울해하기도 한다. 하지만 동물은 절대 지나간 시간을 슬퍼하거나 내일을 생각하며 우울해하지 않는다. 반려동물의 영혼은 이번 생에 최선을 다해 살았기 때문에 이번 삶을 고집하지 않는 것이다. 무엇보다 본능적으로 자신이 윤회하는 영적 존재임을 자각하고 있다. 죽음을 감옥과 같은 육체에서 벗어나 영혼이 해방되어 자유를 얻는 거라고 여긴다. 무엇보다 죽음이 영혼의 성장 과정에 필수 불가결한 것임을 받아들인다.

흔하지는 않지만, 간혹 아낌없이 받던 주인의 사랑을 잊지 못해 반려동물의 영혼이 육체를 떠나지 못하기도 한다. 교통사고를 당해 회생이 불가능하거나 몸 전체에 암이 퍼져 고통스러워하면서도 생을 놓지 못하는 것이다. 이를 지켜보는 주인의 마음 또한 이루 말할 수 없을 정도로 슬프고 고통스럽기만 하고. 인도령은 이런 반려동물의 영혼이 불안해하거나 두려워하지 않도록 각별히 신경 쓴다.

반려견의 영혼은 아름다운 색채로 가득 차 있다. 빛의 에너지 그 자체라고 할 수 있다. 인간은 죽으면 영계에 들어가기 전 특정 과정을 거친다. 정령계, 연옥에서 얼마간 시간을 보낸 후 영계로 옮겨가게 된다. 하지만 반려동물은 죽으면 바로 동물들이 사는 천계로 향하게 된다. 그들의 영혼은 우리 인간과 비교할 수 없을 정도로 순수하기 때문이다.

동물들이 가는 천국에도 다정하고 세세하게 돌봐주는 지도령이 존재한다. 동물들은 지도령의 도움을 받아 휴식을 취하면서 에너지를 보충한다. 이들의 천국은 지상의 그 어떤 놀이시설들과 비교되지 않을 정도로 완벽하다. 우리가 상상하는 그 이상이 갖춰져 있다. 이곳에서는 반려견이 지상계에서 살 때 갖고 놀았던 장난감이나 즐겨 먹었던 음식을 떠올리기만 해도 바로 눈앞에 나타난다. 반려견은 이곳에서 다른 동물들과 놀이도 하고 휴식도 취하면서 그야말로 조금도 부족함이 없는 시간을 보낸다. 그렇다고 마냥 쉬고 놀기만 하는 것은 아니다. 자신이 좋아하는 분야를 학습하는 시간 또한 갖게 된다. 동물의 영혼도 성장하고 진보해나가고 있기 때문이다. 반려견 역시 인간의 영혼과 마찬가지로 천국에서 지난 생을 돌아보고 다음 생을 준비하게 된다. 환생 장소와 환경은 반려견의 희망과 특성과 기질을 고려해 지도령이 선택한다.

그렇다면 동물들의 천국은 어디에 있는 걸까? 우리가 사는 지구 안의 다른 차원에 존재한다. 그곳은 지구의 자연 풍경과 똑같은 환경을 갖추고 있다. 반려동물들은 생전 자신이 가장 마음에 들어 했던 모습으로 지내게 된다. 지상의 삶을 사는 동안 육체에 장애가 있거나 몸이 아팠다고 하더라도 이곳에선 어떤 통증이나 고통도 느끼지 않는다. 우울함이나 슬픔도 찾아볼 수 없다. 너무나 행복하고 평화로운 곳이다. 사랑의 빛과 에너지로 가득하기 때문이다.

동물들의 천국엔 반려동물이 좋아하는 모든 게 갖춰져 있다. 모든 동물은 매 순간 즐겁고, 기쁘고, 행복하기만 하다. 동물들은 인간과 달리 각각 독립적으로 행동하는 편이다. 사람은 자신이 애지중지하며 보살펴주던 반려동물이 무지개다리를 건너가게 되면 너무나 걱정한다. 잘 지내고 있는지, 어디 아프진 않은지, 외로워하는 건 아닌지…. 모든 게 걱정거리다. 하지만 반려동물은 천국에 있는 동안 외로움과 슬픔, 고통을 전혀 느끼지 않는다. 지상에서 살 때처럼 학대당하거나 사랑의 결핍을 느끼지도 않는다. 더없이 행복한 시간을 보내면서도 주인에 대한 애정은 그대로 간직하고 있다.

때로 주인이 너무 보고 싶으면 지상계에 있는 주인의 집을 방문하기도 한다. 주인의 집을 방문할 때 이띤 반려견은 생전에 갖고 놀았던 장난감을 찾거나 주인이 주었던 간식을 기대하기도 한다. 주인이 가장 좋아했던 행동을 취하기도 한다. 그리고 자신이 가장 좋아했던 특별한 장소를 찾아가기도 한다.

반려동물이 죽었다고 해서 그 영혼이 어딘가로 사라지는 것은 아니다. 죽음으로써 반려동물의 모습이 보이지 않는다 해도 항상 주인과 함께한다는 것을 알아야 한다. 주인이 보내는 사랑의 파동을 그대로 느낀다는 것을 기억해야 한다. 너무나 보고 싶은 나머지 죽은 반려견을 자주 생각하거나 반려견의 이름을 부르면 실제로 반려견이 찾아온다. 천국에 있어도 반려동물은 주인이 자신을 찾는 소리를 에너지 진동으로 느낄 수 있기 때문이다. 그래서 순간이동 해 주인 옆으로 오기도 한다.

많은 사람이 반려동물도 인간처럼 환생하는지 궁금해한다. 반려동물도 영적인 존재이기 때문에 영혼의 진화를 위해 환생을 거듭한다. 우리 인간은 환생하는 데 짧게는 30년에서 150년이 걸린다. 하지만 한없이 순수한 반려동물의 영혼은 환생하는 데 그다지 오랜 시간이 걸리지 않는다. 죽고 나서 짧으면 2년, 길어도 10년 안에 새로운 삶의 목적을 갖고 다시 태어난다.

인간들과 달리 반려동물은 가능한 한 빨리 환생하고자 한다. 어떤 반려동물은 같은 주인을 다시 택하기도 한다. 반려동물은 인간과 달리 전생의 기억들을 가진 채 환생하게 된다. 환생을 거듭하는 이유는 주어진 과제를 통해 영혼을 성장시키기 위해서다. 반려동물의 최종목표는 인간으로 환생하는 것이다. 환생의 횟수나 인간에게 공헌한 바에 따라 인간으로 환생하는 시기가 빨라진다. 때론 반려동물 중 환생을 바라지 않기도 한다. 이때는 전생에서 쌓은 카르마와 특성 등을 고려해 천국의 천사가 되거나 지도령이 되기도 한다.

모든 동물에게는 각자 사명이 있다. 이번 삶에서 다양한 체험을 통해 깨달음을 얻고자 한다. 영혼의 진보를 이루기 위해서다. 주인과 맺게 되는 관계는 결코 우연이 아니다. 전생에서부터 특별한 관계가 있었기 때문에 이번 생에서 만나게 된 것이다.

반려동물은 인간에게 무조건적 사랑을 주기 위해 태어난 존재다. 그리고 너무나 복잡하고 슬픔과 고통이 넘쳐나는 지구 행성에서 인간과 친구로서 함께하기 위해 존재한다. 반려동물은 아낌없이 주는 사랑, 대가 없이 주는 사랑이 무엇인지 인간에게 일깨워주기 위해 온 존재라는 것을 기억해야 한다.

3장

환생하기 전,
영혼은 무엇을 할까?

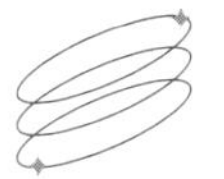

카르마는
무엇인가?

"좋은 일도 많이 하고 기부도 자주 해야 좋은 카르마가 생겨나나요?"

"제가 자주 사람들에게 심한 말을 하는데 그게 나쁜 카르마를 낳나요?""

많은 사람이 '카르마(karma)'에 대해 제대로 모르는 듯하다. 의외로 자신이 남에게 말이나 행동으로 해를 끼치는 것 정도로만 생각한다. 물론 이것도 틀린 말은 아니다. 하지만 조금 더 정확하게 말하자면 우리의 생각과 말, 행동 모두가 카르마를 낳는다고 보면 된다. 사실 우리는 살면서 말과 행동보다 생각을 더 많이 한다. 하루에도 수많은 생각을 하는데 생각들 대부분이 나와 타인을 이롭게 하는 것이기보다 그 반대의 것이다. 나를 힘들게 한 사람에 대한 미움, 원망, 복수심을 비롯해 나보다 더 잘나가는 사람들을 시기하고 질투하는, 옳지 못한 생각을 하기도 한다. 이러한 것들이 나쁜 카르마를 낳는 것이다.

카르마는 쉽게 말해 '인과의 법칙'이다. 우리가 사는 현생의 삶도, 지금 처한 상황들도 모두 사후세계에 있을 때 카르마에 의해 결정된 것들이다. 전생에서의 생각과 말, 행동이 좋은 카르마, 나쁜 카르마를 생겨나게 했고, 지금은 그 카르마로 인한 윤회의 쳇바퀴를 돌고 있는 셈이다.

티베트 고승의 환생자로 잘 알려진 롭상 람파(Tuesday Lobsang Rampa)가 쓴 《롭상 람파의 가르침》에는 다음과 같은 내용이 있다.

"우리가 하는 모든 일은 어떤 식으로든 결과를 낳는다. 생각조차도 참으로 현실적인 힘을 발휘한다. 당신은 당신이 생각하는 대로 살게 된다. 그런고로 순수한 생각을 하면 순수해지고, 욕망에 탐닉하면 당신은 오염되어 몇 번이고 지상에 와야만 한다.

카르마는 우리가 빚을 지고 또 그 빚을 갚는 과정이라 할 수 있다. 당신이 상점에서 어떤 상품을 주문하면 당신은 법정화폐로 그 값을 치러야만 하는 '일종의 채무' 상태가 된다. 그 값을 치를 때까지 당신은 빚을 진 것이며, 만약 그 빚을 갚지 못하면 법률에 따라 체포되거나 심지어 파산할 수도 있다. 지상의 남녀노소는 모두 무엇으로든 대가를 치러야 한다."

롭상 람파는 카르마를 전생에서 누군가에게 진 빚이라 말한다. 이 카르마라는 빚은 절대 저절로 소멸하지 않는다. 다음 생이나 그다음 생에 반드시 갚아야 한다. 빚을 갚는 방식은 다양하다. 가장 중요한 것은 전생에 누군가의 왼쪽 뺨을 때렸다면 이번 생에 반드시 그에 상응하는 보상을 해야 한다는 것이다. 그것은 상대로부터 오른쪽 뺨을 맞음으로써 똑같은 수치심과 고통을 느끼는 것일 수도 있고, 상대에게 물질적 보상을 해주는 것일 수도 있다.

카르마는 지금 우리가 하는 생각과 말, 행동을 모두 포함한다. 좋은 생각을 하고 남에게 위로가 되고 용기를 주는 말, 남을 이롭게 하는 행동을 하면, 좋은 카르마를 낳는다.

2000년 전 예수께서 하신 "이웃을 네 몸처럼 사랑하라"라는 말에는 이런 카르마의 의미가 담겨 있다. 내 몸처럼 타인을 사랑하면 분명 좋은 카르마가 생겨날 테고, 다음 생에는 지금보다 더 나은 삶을 살 수 있을 것이기 때문이다.

환생을 결정짓는
카르마의 법칙

모든 인간은 환생하기 전 사후세계에서 100년 정도의 시간을 보낸다. 사후세계에서 보내는 시간은 영혼마다 다르다. 전생에 다양한 체험을 통해 지성과 지혜를 체득했느냐에 따라 달라지기 때문이다. 그뿐만 아니라 전생에 자신이 했던 생각과 말과 행동이 선했는지, 악했는지에 따라 영혼 세계에 머무는 시간이 정해진다.

사후세계에 있는 영혼들 대부분은 인간으로 환생하는 것을 좋아하지 않는다. 아니, 불안해하고 두려워한다는 것이 좀 더 정확한 표현일 것이다. 그들은 우리가 사는 이 지구 행성이 슬픔과 고통으로 가득 차 있으며, 얼마나 복잡한 곳인지 잘 알고 있기 때문이다. 환생하면 적어도 80~100세 정도는 살아야 한다. 요즘 시대를 살아가는 사람들의 모습을 보면 산다는 말보다는 버틴다는 말이 더 적합하다는 생각마저 든다. 무표정한 사람들의 얼굴에선 웃음기라곤 찾아볼 수 없다. 극도로 예민해져 있는 표정, 아무런 감정이 드러나 있지 않은 얼굴을 보고 있노라면 때론 살기마저 느끼게 된다. 그만큼 미래에 대한 불안, 인간관계와 직장생활에서 받는 스트레스, 경제적 문제 등으로 심한 압박감을 느끼고 있다는 뜻이 아닐까. 그래서 사후세계의 영혼들은 지구 행성에 환생하는 걸 두려워하는 것일 테고. 하지만 윤회시스템을 벗어나지 못한 영혼들은 수천 번, 수만 번 윤회를 거듭해야 한다. 반복되는 환생을 통해 의식 성장과 영적 성장을 이뤄내야 하기 때문이다.

카르마는 사후세계에서의 영혼의 환생을 결정짓는다. 다음 생에서 체험해야 하는 것들도 카르마의 영향을 받는다. 지난 생에서 해결하지 못한 일들을 다음 생에서 풀어야 하기 때문이다. 마치 밀린 숙제를 하는 것과 같다. 카르마의 법칙은 너무나 정확해 결코 그냥 넘어가는 법이 없다.

사람들 가운데 유난히 삶이 안 풀리는 사람이 있다. 하는 일마다 꼬이거나 실패하는 사람을 보면 전생에 무슨 큰 죄를 지어서 그런 거라 판단 내리기도 한다. 하지만 모두 그런 것은 아니다. 롭상 람파는《롭상 람파의 가르침》에서 삶이 힘든 이유에 대해 이렇게 말하고 있다.

"물질적 세상의 법칙들과 마찬가지로, 당신이 정신적 또는 신체적 활동을 통해 쌓아온 선 또는 악의 총합이 곧 카르마다. '뿌린 대로 거둔다'라는 옛 격언이 있다. 그 말은 진실이다. 만약 나쁜 행위를 한다면 당신은 다음 생 또는 그다음 생 또는 그다음의 다음 생에서 나쁜 미래를 마주하게 될 것이다. 만약 좋은 행위를 한다면, 즉 필요한 이들에게 선행과 친절과 연민을 보인다면, 당신이 불운을 겪어야 할 차례가 와도 어디선가 누군가가 나타나서 당신에게 친절과 배려 그리고 연민을 베풀 것이다. 이 점에 오해가 없도록 하라."

이어서 누군가가 고난을 겪고 있다 해도, 그 이유는 무조건 그 사람이 악업을 지었기 때문이 아니라 그저 그가 고난과 고통 속에서 어떻게 반응하는가를 시험당하는 중일 수도 있다고 말한다.

"그것은 고통을 통해 다소 불순하고 이기적인 인간성을 떨어내는 정련의 과정일 수 있는 것이다. 왕자든 거지든 간에 모든 사람은 이른바 생의 수레바퀴, 즉 끝없는 존재의 쳇바퀴를 따라 돈다. 당신은 이번 생에서는 왕일지 모르지만, 다음 생엔 비렁뱅이가 되거나, 일자리를 얻지 못해 이 도시 저 도시를 떠돌거나, 강풍 앞의 낙엽과 같은 신세를 면치 못할 수도 있다."

롭상 람파는 많은 사람이 카르마에서 간과하고 있는 부분을 지적하고 있다. 어떤 사람의 삶이 너무나 비참하다고 해서 꼭 카르마 때문만은 아니라는 것이다. 그가 사후세계에 있을 때 지금의 삶을 계획했다는 것이다. 시련들을 통해 깨달음을 얻을 목적으로 말이다. 물론 사람들 대부분이 겪는 힘든 일들은 사후세계에 있을 때 필요에 따라 자청한 것들이다. 그건 영적 성장에 도움이 되는 일이기 때문이다. .

《명화에게 말을 걸다》라는 책을 펴내고 화가로 활동 중인 김교빈 작가가 있다. 마흔두 살인 그녀는 갑자기 닥친 시련을 축복으로 바꾼 용기 있는 사람이다. 그녀의 이야기를 들어보면 삶을 살면서 겪게 되는 시련들이 얼마나 고마운 것인지 깨닫게 될 것이다.

김교빈 작가는 가야금 연주를 들으면서 독서 하는 걸 좋아하는 평범한 삶을 살아가고 있었다. 그녀에게는 어린 두 딸과 사랑하는 남편이 있었다. 그런데 어느 날 예기치 못한 시련이 닥쳤다. 결혼 4년 만에 남편이 갑작스러운 교통사고로 세상을 떠난 것이다. 작별 인사를 할 겨를도 없이 말이다. 남편이 세상을 떠난 후 그녀는 방과 후 미술 강사로 활동하면서 생계를 책임져야 했다. 그러나 방과 후 수업으론 고정적인 수입이 보장되지 않아 늘 경제적으로 힘들었다.

경제적 자유인이 되기 위해 수많은 유튜브 영상들을 보고, 책들을 읽고, 유명 작가, 강연가들의 강연도 들었다. 하지만 그 순간만 위안을 얻고 반짝 희망을 갖게 될 뿐 어느새 좌절하고 있는 자신을 발견할 뿐이었다.

그러던 중 우연히 나의 유튜브 영상과 내가 쓴 책을 읽고 상담 신청을 하게 되었다. 그녀가 상담을 받으러 나를 찾아온 날이 2022년 12월 15일로 눈이 펑펑 내리는 오후였다. 코로나19에 걸린 어린 그녀의 큰딸은 아직 회복 중이었다. 그녀는 내가 쓴 책 내용 중 '성공해서 책을 쓰는 것이 아니라 책을 써야 성공한다!'라는 문구를 보고 부의 추월차선이 무엇인지 깨달았다고 했다.

나는 그녀와 상담하면서 앞으로 그녀의 삶이 크게 달라지리라 직감했다. 그녀는 5주 책 쓰기 교육 과정에 등록했다. 나는 그녀가 제출한 자기소개서를 여러 번 면밀히 읽어보고 주제를 기획해주었다. 화가로 활동하는 만큼 퍼스널 브랜딩을 하려면 명화에 얽힌 화가들의 스토리를 담는 게 좋겠다고 하면서. 나는 진심을 담아 영혼을 갈아 넣어가며 그녀를 가르쳤다.

그녀가 제출한 제목 과제를 보면서 고민에 고민을 거듭하다 나는 그녀에게 직접 '명화에게 말을 걸다'라는 제목을 만들어주었다. 나중에 이 제목을 그대로 달고 책이 출간되었다. 그녀는 나를 만난 지 43일 만에 출판사와 출판 계약에 성공했다. 그녀의 책 《명화에게 말을 걸다》는 매일경제신문사에서 출간되어 그녀를 기쁘게 해주었다.

나를 만나 책 쓰기 교육을 받은 지 반년 만에 자신의 이름 석 자가 들어간 책을 펴낸 것이다. 책을 펴낸 후 그녀의 삶은 크게 달라졌다.

김교빈 작가는 네이버 카페 〈한책협〉에 여러 차례 잘 가르쳐주어서 감사하다는 글을 올린 바 있다.

"〈한책협〉을 만난 지 정확히 43일째 되는 날에 출판 계약을 했습니다. 오늘 저에게 기적 같은 일이 벌어졌어요."

"제 이름으로 된 저서라니…, 정말 감사합니다. 모든 게 축복입니다. 사랑합니다."

〈한책협〉 카페에 들어오면 직접 관련 후기 글을 확인할 수 있다. 나는 사람들에게 우리가 겪는 모든 시련은 사후세계에서 계획한, 영적 진보를 위한 과정이라는 것을 알려주고 싶다. 시련을 겪는 과정엔 괴롭지만 극복하고 나면 자신이 한층 단단해지고 성장했음을 알게 된다. 시련이 없었다면 깨닫지 못했을 것들을 배우게 된다. 이것이 우리에게 시련이 필요한 이유다. 사후세계에서 우리가 자신의 시련을 계획했기 때문에 시련을 이겨낼 수 있는 열쇠도 우리 자신이 갖고 있다. 다만 사람들 대부분이 영성과 사후세계의 이치에 대해 알지 못하기 때문에 좌절하는 것이다. 나는 사람들이 시련이 변형된 축복임을 깨달았으면 좋겠다. 시련이라는 포장지를 열어보면 그 안에 자신에게 필요한 여러 가지 선물이 담겨 있음을 알게 될 것이기 때문이다.

어떤 영혼이 살면서 힘든 순간마다 쉽게 좌절하고 포기했다면 별로 배운 게 없을 것이다. 젊은 나이에 힘든 시련을 만나 자살한 영혼은 이번 생에서 배워야 할 것을 제대로 배우지 못한 것, 창조주로부터 부여받은 생명을 쉽게 저버린 것에 대한 책임을 져야 한다. 좋게 말하면 책임이고 무섭게 말하면 영의 세계의 벌칙을 받아야 한다. 이들과 다르게 최선을 다해 삶을 살다가 자연사한 보통 영혼들은 100년 정도의 시간을 사후세계에서 보낸 후 다음 생을 부여받아 환생하게 된다.

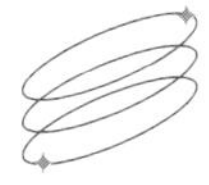

현세에서 지위가 낮다고
영계에서도 낮은 건 아니다

"제가 전생에 무슨 죄를 지어 이 고생을 할까요?"

나를 찾아오는 사람들 가운데 많은 사람이 이렇게 토로한다. 그들과 한 시간 동안 상담하다 보면 다들 사연이 있을뿐더러 경제적, 육체적, 심적으로 극심한 고통을 받고 있다는 걸 알 수 있다. 그렇게 열심히 사는데도 삶은 좀처럼 나아지지 않고 더 힘든 수렁에 빠지는 이들도 있었다. 그들은 이구동성으로 자신에게 왜 이렇게 힘든 일이 계속 일어나는지 알 수 없다고 한다. 그러면서 어쩌면 전생에 큰 죄를 지어서 지금과 같은 삶을 사는지도 모르겠다고 예단하기도 한다.

길을 가다 보면 종종 일흔이 넘은 나이에 폐지를 줍는 노인들을 보게 된다. 일부 사람들은 그들을 보며 저 나이에 저런 고생을 하는 것을 보니 분명 전생에 큰 죄를 지었으리라 생각한다. 얼마 전 어떤 분이 내게 노년에 말도 안 되게 고생하는 사람들은 전생과 어떤 연관이 있는지 물어왔다. 나는 전생과 연관이 있을 수도 있고, 없을 수도 있다고 답했다. 전생에 자신이 지은 카르마 때문에 지금 고통스럽게 사는 사람도 있을 수 있다. 반면 이번 생에서 어떤 깨달음을 얻기 위해 힘든 삶을 자청한 사람도 있을 수 있다. 어떤 사람이 지금 너무나 비참하게 산다고 해서 그 이유를 쉽게 단정 지어 생각해선 안 된다는 말이다. 아무도 그 이유를 미루어 알 수 없다. 지금과 같은 삶을 사는 이유는 당사자의 영혼과 그를 따라다니는 수호령만이 알 수 있는 부분이기 때문이다.

롭상 람파의 저서 《롭상 람파의 가르침》은 우리에게 많은 깨달음을 준다. 이 책에 다음과 내용이 나온다.

"한 인간이 태어나기 수개월 전 영적 세계 어디에선가 회의가 벌어진다. 인간의 육체를 택하고자 하는 존재는 자신의 조력자들과 함께 특정 과제를 통해 어떤 방식으로 배움을 얻을 것인지 토의한다. 학생들이 저마다의 소질을 계발하기 위해 교사들과 공부 방식을 상의하는 것과 같다. 영적 세계의 조력자들은 세상이라는 학교에 들어가려는 학생에게 어느 부부의 자식이 되라고, 또는 결혼하지 않은 내연의 관계 속에서 태어나는 편이 좋겠다는 식으로 의견을 말한다. 이 회의에서는 그가 무엇을 배울 것이며 어떤 고난을 겪어야 하는지 등의 토의가 이루어질 것이다."

지금의 삶이 영계에서 영적 스승들과 수많은 토의를 통해 계획되었음을 알 수 있게 하는 대목이다. 이 말은 우리가 세상에 태어나 부모 형제, 친구, 직장 동료, 부부의 연을 맺는 게 결코 우연이 아니라는 뜻이다. 영혼이 인간으로 태어나는 가장 큰 이유는 영적 성장을 통한 영혼의 진보를 위해서다. 영혼의 진보가 이루어져야 의식이 성장해 차원 상승이 가능하기 때문이다. 그래서 생과 사를 도는 윤회를 거듭하는 것이다.

그동안 나는 1,200명의 평범한 사람들을 작가로 만들었다. 그들 중 대부분이 기구한 사연을 갖고 있었다. 어떤 사람은 여러 번 이혼했고, 외국 여자와 결혼했으나 불행하게 사는 사람도 있었고, 로또복권 당첨번호를 알려준다는 온라인 사이트에 속아 무려 2억 원을 사기당한 사람도 있었다. 목사와 스님, 무속인에게 수천만 원을 사기당한 사람도 있었고, 외국 여자와 결혼하는 과정에 브로커에게 속아 2,000만 원을 날린 사람도 있었다. 이야기하자면 끝이 없다.

2022년 6월경 미국 LA에서 쉰여덟 살의 한 중년여성이 내게 국제 전화를 걸어왔다. 원래 국제 전화는 거절하는데 이날은 마침 강아지가 거실에 소변을 실수해 급히 치우느라 얼떨결에 전화를 받았다. 나의 유튜브 영상들을 보고 꼭 통화하고 싶은 마음에 무작정 전화했다는 것이었다.

그녀와 수차례 전화 통화와 카카오톡으로 대화하면서 이런 안타까운 사연도 있구나, 라는 생각이 들 정도였다. 그녀는 멕시코에서 운동화 도매상도 하고, 옷가게 도매상도 운영했다고 했다. 사업이 잘되지 않아 헤어숍도 운영했는가 하면, 암웨이 네트워크 마케팅도 마다하지 않았다고 했다. 그러다 현재는 LA에서 18년째 피부관리숍을 운영하고 있다고 말했다. 한국인이 미국에서 산다는 게 너무 힘든 일인 데다, 미래 역시 불안해서 앞으로 무엇을 하며 살아야 할지 고민하던 중 나를 알게 되었다는 것이었다.

그녀는 두 명의 남편을 갑작스레 떠나보냈다고 했다. 그녀가 미국에서 미용 학교를 수료하고 피부관리사로 일하고 있을 때 첫 번째 남편이 외도를 하기 시작했다. 그때 그녀는 남편의 외도가 전생에 지은 카르마 때문이라고 생각했다고 한다.

그 후 그녀는 두 번째 남편을 만나 15년째 살고 있던 중 나에게 연락해오기 며칠 전인 6월 3일 남편이 심장 마비로 세상을 떠났다고 한다. 남편은 처음에는 사회생활을 했으나 곧 백수가 되었고, 그녀가 생계를 책임져야 했다. 그렇게 15년 동안 남편이 자리를 잡을 수 있도록 뒷바라지해왔다는 것이다.

그런데 남편이 세상을 떠난 후 그가 생전에 이자를 준다고 하면서 여러 사람으로부터 돈을 빌리고 돌려막기 해왔다는 사실을 알게 되었다. 그녀는 두 번째 남편이 돈 때문에 스트레스를 받아 심장 마비가 온 것이라 믿고 있었다.

"남편은 빌린 돈을 갚으려고 돌려막기를 하다 스트레스를 받아 일찍 돌아가신 듯해요. 지금 생각해보면 여기저기에서 돈을 빌려 돌려막기 한 게 두 번째 남편의 카르마가 아니었나 싶고요.

그러던 참에 김태광 대표님의 유튜브 채널에 업로드되어 있는 의식세계와 영성, 사후세계를 다룬 영상들을 보며 희망을 품기 시작했습니다."

그녀가 미국에 있는 만큼 우리는 주로 카카오톡, 보이스톡과 문자 메시지로 소통했다. 그녀는 자신에게 일어난 일들과 지금 하는 일을 소재로 한 책을 쓰고 싶다며 도와달라고 말했다. 그 동안 나는 해외 여러 나라에 거주하고 있는 한인들을 코칭해 단 몇 개월 만에 작가가 되도록 도와왔다. 이렇게 해외 거주 한인들을 코칭하다 보면 국내 수강생들과 비교해 신경 쓸 일이 몇 배는 되었다. 하지만 그녀의 간청을 못 이기고 나는 책의 주제를 선정해주고, 목차도 만들어주었는가 하면 즐겁게 책을 쓰게끔 진심을 다해 코칭했다.

그녀는 책을 쓰면서 자신에게 일어난 일들이 피할 수 없는 것들이었다는 사실을 깨닫게 되었다고 한다. 전생에 지은 업보를 현생에서 바로잡아야 한다는 걸 깨닫고 남은 삶을 최선을 다해 살리라 결심했다고 한다. 나는 이분을 코칭하면서 영성과 사후세계, 카르마에 눈뜬 사람과 그렇지 않은 사람의 시련을 받아들이는 자세가 현저히 다르다는 걸 새삼 느꼈다. 이분처럼 시련을 일어날 일이 일어난 거라고 받아들이면 삶은 한층 가벼워진다. 또한, 지금의 삶이 얼마나 귀한지 깨닫게 된다.

우리는 결핍과 고통이 없는 완벽한 조건 아래에서 살기를 원한다. 그 이유는 우리가 인간으로 태어나기 전 영계에서 가졌던 수많은 토의와 이번 생의 미션을 망각했기 때문이다. 그래서 인간적인 측면에서만 생각하는 것이다. 하지만 더는 노력할 필요가 없는 환경이라면 우리는 거기에서 그 어떤 성장이나 깨달음, 지혜를 얻을 수 없다. 롭상 람파는 비천하고 고통스러운 삶을 사는 사람들에 대해 이렇게 말한다. 그의 말을 들어보자.

"슬픈 현실은, 좋은 조건보다는 나쁜 조건에서 배움이 훨씬 빠르고 확실하게 이뤄진다는 점이다. 또 하나 지적해둘 점은, 어떤 사람이 현재 낮은 위치에 있다고 해서 그가 영적 세계에서도 낮은 위치를 섬하는 건 결코 아니라는 사실이다. 특정한 생에서 특정한 과제를 통해 깨달음을 얻으려고 일부러 비천한 태생을 자청하는 것은 흔한 일이다. 그러나 알고 보면 그는 참으로 고귀한 존재일 수 있다."

모든 영혼 각자에게는 이번 생이 완벽한 조건일 때보다는 최악의 조건일 때 영적 성장에 훨씬 도움이 된다. 여러 시련을 극복해가는 과정에서 많은 것들을 배울 수 있기 때문이다. 힘든 환경은 영혼이 이번 생에서 배우기로 한 것들을 더 잘 배울 수 있는 최적의 환경이다.

나의 삶 역시 돌아보면 시련의 연속이었다. 그동안 여러 책과 유튜브 영상을 통해 내가 얼마나 고통스러운 삶을 살았었는지 언급해왔다. 다시 그런 삶을 살아야 한다면 정말 죽기보다 싫을 것 같다. 하지만 지내놓고 보니 매 순간 나의 숨통을 조여왔던 시련들이 나를 성장시켜준 밑거름이 되었음을 깨닫게 된다. 나는 힘든 일들을 이겨내는 과정에서 좀 더 단단해지고 지혜로워질 수 있었다. 시련들이 없었다면 단언컨대 나는 지금과 같은 경제적 자유인의 삶을 살 수 없었을 것이다. 시련들이 없었다면 나처럼 아둔한 사람은 보통 사람들처럼 직장생활을 하다가 그마저도 할 수 없게 되면 힘든 육체 노동을 하면서 살아가고 있지 않을까 생각한다. 롭상 람파는 저서 《롭상 람파의 가르침》에서 다음과 같이 이야기하고 있다.

"병든 가족을 보살펴야 하는 사람들이 있다. 그들은 이렇게 푸념한다. '아, 피곤해. 왜 그는 얼른 죽어서 이 비참한 신세를 벗어나지 않는 거지?' 물론 그 대답은, 우리는 예정된 삶의 형식을 따르면서 예정된 삶의 기간을 채워야 하기 때문이다. 투덜대는 그 사람은 바로 그 병자를 돌보기 위해 지상에 내려온 것인지도 모른다."

현세에서 위치가 낮다고 영계에서도 낮은 것은 아니다. 반대로 현세에서 위치가 높다고 영계에서도 위치가 높은 것은 아니다. 인간으로 살면서 얻은 깨달음과 지혜, 배움 외의 것들은 영계에선 아무 쓸모가 없어진다. 유명한 신부, 목사, 스님이라고 해서 영계에서의 위치가 높은 것은 아니라는 뜻이다. 영계의 법도에 맞는 영의 격을 갖춘 영혼들만이 의식 성장과 차원 상승을 이룰 뿐이다.

누군가가 지금 극심한 빈곤에 시달리거나 질병으로 인해 육체적 고통을 받고 있을지라도 쉽게 그의 삶을 이러쿵저러쿵 판단해선 안 된다. 우리를 만드신 창조주께서도 그들을 판단하시 않기 때문이다. 우리는 창조주께서 우리에게 주신 삶을 살고 있을 뿐이다.

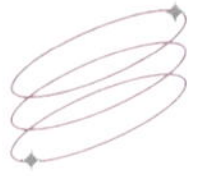

기억의 방에서
지난 생을 되돌아보다

큰 병이나 교통사고 등으로 죽음의 문턱까지 다녀온 많은 사람이 공통으로 하는 말이 있다. 그동안의 자신의 생애가 빛처럼 빠르게 스쳐 지나갔다고 하는 말이다. 단 몇 초 만에 수십 년의 삶이 스쳐 지나가는데, 이런 일이 일어나는 건 영혼이 당황하지 않고 사후세계로 이동할 수 있게끔 도와주기 위해서다.

기성종교에서는 신을 믿지 않는 사람, 내세를 믿지 않는 사람, 생전에 다른 사람을 해치거나 큰 잘못을 저지른 사람들은 지옥에 간다고 말한다. 하지만 사후세계에서는 종교에서 말하는 그런 일 따위는 일어나지 않는다. 생전에 종교를 믿었던 사람이든 무신론자든 죽으면 가는 곳은 똑같다. 리사 윌리엄스는 저서

《죽음 이후의 또 다른 삶》에서 지옥을 이렇게 설명하고 있다.

"지옥이란 우리가 스스로를 가두어두는 어떤 마음 상태다. 이 말은 아무리 반복해도 지나침이 없다. 만약 자신이 죽어서 지옥에 갈 것이라고 믿는다면 당신은 고통과 번뇌로 가득한 삶을 창조할 것이다. 그러나 다시 말하지만 '지옥은 존재하지 않는다.' 통찰의 방에서 목격하게 되는 것들이 인간이 상상할 수 있는 한도 내에서는 지옥과 가장 가까울 것이다. 왜냐하면, 자신이 다른 사람들에게 끼친 아픔과 고통을 경험한다는 것은 매우 극렬한 경험이기 때문이다. 삶 속에서 사랑하는 이에게 상처를 입히고는 그 사람의 고통을 스스로가 느껴보도록 자신을 허용했을 때의 느낌을 기억해보라."

나는 지옥이 있다고 믿는 사람들, 죽으면 지옥에 갈까 봐 두려워하는 사람들이 지옥은 존재하지 않는다는 걸 알았으면 좋겠다. 그동안 기성 종교는 사람들에게 지옥과 사후 심판 등을 이야기하면서 자신들이 신격화해놓은 신을 믿어야 한다고 사람들을 세뇌해왔다. 그들은 사람들 대부분이 죽음 이후의 세계에 대해 불안감과 두려움을 갖고 있다는 점을 이용해 종교 장사를 한 것이다. 하지만 이제는 사람들의 의식이 조금씩 깨어나고 있는 중이다. 종교는 창조주께서 만드신 게 아니라 인간이 만들었다는 걸 깨닫기 시작한 것이다. 그들은 종교를 믿기보다 자기 자신을 믿는다. 창조주로부터 부여받은 신성은 교회나 성당, 절에 있는 것이 아니라 자신의 내면에 있기 때문이다. 그리고 창조주로부터 받은 자유의지를 활용해 이번 생에서 하기로 했던 일을 하기 위해 노력한다.

우리는 환생하기 전에 있었던 사후세계에서 얼마간의 시간을 보내게 된다. 이곳에서 인간으로서 지상계에서 사는 동안 입은 상처와 고통을 치유하는 과정을 겪게 된다. 치유 과정은 영혼마다 다르다. 어떤 영혼은 단기간에 치유되는 반면 또 다른 영혼은 좀 더 긴 시간 동안의 치유 과정을 겪는다. 이는 각자 사는 동안의 삶의 체험이 다르기 때문이다.

모든 영혼은 환생하기 전 기억의 방에서 전생의 삶을 들여다보는 시간을 갖는다. 전생에서 자신이 여러 체험을 통해 이루어낸 성과들과 무엇을 배웠는지 살펴본다. 꼭 성취해야 하는 일이었지만 그리하지 못한 일들도 돌아보게 된다. 남들의 시선과 실패에 대한 두려움 때문에 도전하지 못했거나 쉽게 포기한 일들도 살펴보는 과정을 거친다. 또한, 살면서 이기심 때문에 다른 사람에게 상처를 주고 고통을 가한 일들도 돌아보게 된다. 이때 당시 그들이 느꼈을 감정을 고스란히 느끼면서. 인간으로서 살 때는 단 며칠이 지난 일들도 망각하곤 한다. 하지만 기억의 방에선 전생에서 했던 생각과 말과 행동, 사소한 것까지 모두 영화를 보듯 바라보게 된다. 그 순간이 그렇게 고통스러울 수 없다. 그냥 화면으로만 살아온 날들의 장면들을 보는 것이 아니라 당시의 생각과 말과 행동, 상대의 아픔과 괴로움 등에 대한 감정이 그대로 자신에게 전달되기 때문이다. 이게 말 그대로 지옥인 셈이다. 롭상 람파는 저서 《롭상 람파의 가르침》에서 기억의 방에 대해 이렇게 설명한다.

"망자는 기억의 방으로 가서 이번 생에서 일어났던 모든 일을 살펴봐야 한다. 당신은 당신 자신 이외의 그 누구로부터도 심판받지 않는다. 당신 자신의 심판보다 더 엄격한 것은 없다. 지상에서 그토록 소중히 여겼던 온갖 시시껄렁한 자만과 거짓된 가치들이 결국 무의미한 것이었음을 보면서, 당신은 지상에서 누렸던 지위와 재산이 전혀 당신을 위대하게 만들어주지 않았음을 깨닫게 된다. 오히려 빈천하고 낮고 가난했던 사람들이야말로 지상에서의 삶이 만족스럽고 높은 가치가 있었다고 평가를 내린다.

기억의 방에서 전생을 돌아본 후, 당신은 자신에게 가장 적합하다고 생각되는 '또 다른 세계'의 해당 구역으로 간다. 당신은 지옥으로 가지 않는다. 지옥은 지상에, 즉 우리의 학교 안에 있다고 했던 우리의 말을 믿어라."

우리가 육신의 몸을 입고 지구에 태어난 이유는 배우기 위해서다. 영계에선 모든 게 완벽하다. 생각만 하면 원하는 것들이 뚝딱 생겨난다. 그래서 자신이 그동안 배운 것들을 직접 테스트해볼 기회가 없다. 그러나 물질세계인 지상계는 다르다. 자신이 알고 있는 걸 생각한다고 해서 바로 이루어지거나 물질화하지 않는다. 상상과 상태, 감정이 일치되어야 하고 믿음이 수반되어야 한다. 그래서 영혼들은 이러한 과정을 직접 체험하기 위해 지상에 내려오는 것이다.

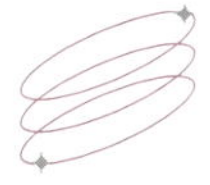

사후세계에서 삶을
계획하고 태어난다

인간은 영혼의 성장을 이루기 위해 끊임없이 거듭 태어난다. 물론 환생하기 전 전생의 카르마를 청산하기 위해 어떤 국가와 인종, 어떤 부모, 형제, 장소를 선택할지 고려한 후 다음 생을 결정한다. 영혼들은 대부분 과거 자신이 싫어했던 국가와 인종, 성향의 사람으로 태어난다. 그렇게 할 때 자신의 성품을 한 단계 높은 수준으로 끌어올릴 수 있기 때문이다.

많은 사람이 지금의 삶이 마음에 들지 않는다고 말한다. 내 생각엔 이들이 사후세계에서 지금의 삶을 계획한 목적을 깨닫지 못했기 때문인 듯하다. 지금 자신에게 닥친 시련을 시련으로만 받아들인다면 고통으로 느껴질 수밖에 없다. 반면에 시련을

전생에서 해결하지 못한 숙제로 여긴다면 관점이 완전히 달라진
다. 힘들어도, 고통스러워도 극복하려는 의지가 샘솟게 된다. 이
번 생에서 극복하지 못하면 다음 생에서 또다시 밀린 숙제를 해
야 한다는 걸 알기 때문이다.

우리는 사후세계에서 삶을 계획하고 태어난다. 이 사실을 망
각한다면 현생이 전생과 다를 바 없게 된다. 우리는 전생에서 배
우지 못한 것들은 이번 생에서 배워야 한다. 그러지 않고선 결코
영혼의 성장을 이룰 수 없다. 그래서 나는 힘들게 사는 사람들이
조언을 구하러 나를 찾아올 때면 지금의 시련을 통해 배우고, 깨
달아야 한다고 말해준다. 모든 시련은 변형된 축복이기 때문이
다. 시련은 겉으로 보기에는 너무나 가혹하게 여겨지지만, 피하
지 않고 맞서 싸운다면 진실을 알게 된다. 시련이라는 포장지 속
에 나를 단단하게 만들어주고 성장시켜주는 선물이 들어 있다
는 걸 말이다.

지금은 경제적 자유인으로 살고 있지만, 과거의 내 삶은 너무
나 힘들고 고통스러웠다. 내가 스물여덟 살 때 아버지께서 가난
을 이기지 못하시고 술김에 음독하셨다. 너무나 갑작스럽고도 허

망하게 세상을 떠나신 것이다. 아버지가 떠나신 후 나는 남겨진 거액의 빚 유산을 혼자 힘으로 갚아야 했다. 당시 나는 대구광역시 남구 대명동 남문시장 안에 있는 집에서 자취생활을 하고 있었다. 보증금 20만 원에 월세가 17만 원이었다. 주식은 매일 라면이었고. 2년 동안 나는 거의 안 먹고, 안 입고, 사람들을 만나지 않았다. 책을 출간해 번 돈은 오로지 빚 갚는 데 썼다. 그렇게 해서 두 누나와 두 매형의 도움 없이 혼자 힘으로 빚을 청산했다.

빚을 갚는 과정에 나는 아버지를 수없이 원망도 하고 미워하기도 했다. 하지만 한참 시간이 지난 후 나는 깨닫게 되었다. 아버지의 죽음 이후 내가 얼마나 단단해지고 성장했는지, 거액의 빚을 갚으면서 내 안에 숨겨져 있던 잠재력이 어떻게 발휘되었는지 말이다. 아버지의 죽음은 인간의 시선으로 바라봤을 때는 안타까운 일이지만, 영의 관점에서 봤을 땐 어쩌면 사후세계에서 정해진 계획이었을 수도 있다. 나는 아버지와 나, 그리고 어머니, 우리 형제들의 영혼이 사후세계에서 서로 합의해 그때의 시련을 계획했다고 생각한다.

과거에 나는 이런 의문이 들었다.

'사후세계에서 다음 삶을 계획할 때 여러 영혼이 좋은 조건의 부모를 두고 경쟁한다면 과연 누가 대신 결정해줄까?'

그동안 수많은 사람에게 상담과 글쓰기, 책 쓰기, 영성과 사후세계를 교육하면서 나와 같은 의문을 가진 사람들이 의외로 많다는 걸 알게 되었다. 사람이라면 누구나 풍요로운 환경을 좋아하기 때문 아닐까. 오랫동안 가져온 이 의문에 대한 답을 루스 몽고메리가 쓴 《아무것도 사라지지 않는다》에서 찾을 수 있었다.

"어느 쪽이든 그가 육체로 환생할 때가 되었을 때 자기 혼자의 힘만으로는 완전하게 결정할 수 없다. 왜냐하면, 다른 요소들이 그 결정에 영향을 주기 때문이다. 예를 들자면, 어머니가 되고자 하는 여인을 통해서 환생할 기회가 많이 있지만, 어떤 게 최상의 기회인지 혼자 힘으로는 알지 못한다. 그래서 영혼들은 자신에게 적합한 기회가 오기를 기다리게 되고, 영계에는 환생을 기다리는 영혼들에 적합한 어머니를, 말하자면 배급하는 시스템이 존재한다. 그 시스템은 여인이 임신할 때마다 작동한다."

만약 어떤 여인의 존재 자체가 고결한 영혼의 소유자고 다른 고결한 영혼을 그녀의 육체적 자녀로 기를 만한 자격을 갖추고 있다고 하자. 그러면 그녀는 육체적 쾌락만을 생각하는 사람보다 높은 수준의 우선권을 가지게 된다고 한다. 이 우수한 영혼들을 위한 등급별 분류 시스템이 이곳에서 작동되고, 그 결과 자격을 인정받은 영혼들은 누가 육체적 부모의 요구와 자신의 목적을 완수하는 데 가장 적격인지 결정하는 시험 기간을 거치게 된다는 것이다.

"이런 과정들이 지상에선 컴퓨터라고 불리는 기계에 의해 처리된다. 그러나 이곳에서는 부모들이나 환생을 원하는 영혼들에 관한 모든 데이터가 자동으로 제공되고 처리된다. 이곳에서는 누가 특별히 지상의 삶의 목적에 가장 합치하는지에 대한 의문은 거의 일어나지 않는다. 왜냐하면, 두 영혼이 같은 법은 없기 때문이다. 부모가 되려고 하는 부부와 과거에 알았고 사랑했던 영혼이 청산해야 할 카르마의 빚을 지고 있다면, 그 영혼에게 가장 먼저 우선권이 주어질 것이다."

루스 몽고메리의 말에 의하면 영계에는 슈퍼컴퓨터가 존재하는 셈이다. 슈퍼컴퓨터라는 말에 혹자는 말도 안 되는 소리라고 할지도 모르겠다. 하지만 사실이다. 이 세상의 컴퓨터 역시 영계의 그것을 모방해 만들었다고 봐도 무방하다. 영계의 법칙은 정확하다. 정확하다는 표현으론 부족하다. 슈퍼컴퓨터는 가급적 과거에 함께했으며 전생의 카르마를 빠르게 청산할 수 있는 영혼들을 이어주기 때문이다. 우리가 지금의 부모를 만난 것은 결코 우연이 아니다. 자신의 영적 진보에 도움이 된다는 판단에 따라 부모와 자식 간으로 선택했다는 걸 기억해야 한다.

이 책을 읽는 사람들 가운데 그 누구에게도 말 못 할 고민이 있다면 혼자 끙끙대지 말고 나를 찾아와 조언을 구하길 바란다. '010-7286-7232.' 이 번호는 내 개인 휴대전화 번호다. 영적, 경제적인 어려움에 처해 있다면 내게 문자 메시지를 보내보라. 내가 위로와 용기를 주는 문자 메시지에 좋은 기운을 불어넣어 보내주겠다.

마음 공부와 영성, 사후세계에 대한 더 많은 지식과 정보를 원한다면 네이버 카페 〈한책협〉에 가입해보길 바란다. 이곳에서는 2만 5,000여 명에 달하는 사람들이 함께 더 나은 삶을 살려고 공부하고 있다. 더불어 글쓰기, 책 쓰기, 퍼스널 브랜딩을 통한 물질적 풍요도 만들어가고 있다.

수명은 태어나기 전부터
정해져 있다

우리는 죽기 전에 자신이 언제 죽을지 안다. 사후세계에서 이번 생을 계획할 때 자신이 어떤 체험을 할 것인지, 어떤 교훈을 얻을 것인지, 그리고 언제 죽음이라는 과정을 통해 지상계를 떠날 것인지 세세하게 계획해두었기 때문이다. 살면서 놓이게 되는 아주 사소한 상황이나 환경들까지 거의 전부 자청해 경험하기로 동의한 것이다.

정작 현생을 살 때는 사후세계에서의 일들이 기억나지 않는다. 현재에 집중해야 하기 때문이다. 만약 그러지 않고 전생의 기억들이 마구 떠오른다면 우린 아주 혼란한 상황에 직면하게 될 것이다. 많은 사람이 이번 생은 망했다며, 다음 생을 기약한다며 쉽게 자살할지도 모른다.

수명은 사람마다 다 다르다. 어떤 사람은 아주 건강하게 장수하고, 또 다른 사람은 아주 어린 나이에 불의의 사고나 불치병으로 세상을 떠난다. 수명의 길고 짧은 면만 보고서 판단한다면 오래 산 사람은 행복한 죽음을 맞고, 짧게 산 사람은 불행한 죽음을 맞은 것처럼 비칠 수 있다. 하지만 영계의 법도를 안다면 절대 그렇지 않다는 걸 이해하게 된다. 모든 영혼은 인간의 삶을 살기 전에 스스로 자신의 수명을 정하기 때문이다. 무엇을 배우고 어떤 교훈을 얻을 것인지 스스로 인간의 삶을 사는 동안의 수명을 선택하는 것이다.

이번 생을 살면서 하나의 교훈을 완벽하게 습득했다고 판단하는 순간 죽음이 찾아온다. 지구 행성에서 사는 모든 사람은 저마다 자신의 영적 성장에 필요한 배움을 위해 환생한 것이다. 그래서 자신에게 필요한 배움을 마치면 최대한 빨리 지구를 떠나려 한다. 배움에는 최적화된 환경이지만 지구는 영혼에게는 너무나 힘든 곳이기 때문이다.

사람마다 수명이 다른 이유는 앞서 말했듯 자신이 스스로 수명을 정하기 때문이다. 다음 생을 계획할 때 전생에 자신이 지은 카르마가 이에 영향을 미치기도 한다. 우리가 거듭해서 윤회하는 이유에는 영혼의 성장을 위한 배움을 얻으려는 측면도 있지만, 카르마를 소멸시키려는 목적도 포함되기 때문이다. 랜돌프 윈터즈(Randolph Winteres)라는 미국인이 1980년대 중반 스위스의 외계인 접촉자 빌리 마이어(Billy Eduard Albert Meier)에게서 영적 세계의 비밀을 전해 듣게 된다. 그는 이를 바탕으로《플레이아데스의 사명》이라는 책을 펴냈는데, 나는 이 책을 너무나 감명 깊게 읽었다. 이 책에는 이런 내용이 실려 있다.

"당신이 폭력으로 누군가를 죽였다고 하자. 그러면 죽은 이의 영체는 저승으로 갈 것이다. 그리고 당신은 그 뒤로도 지상에서 물질적인 삶을 영위하며 10년을 더 살게 된다고 하자. 그러고 나면 당신의 영체도 마찬가지로 저승으로 갈 것이다. 당신의 행동은 당신과 당신이 죽인 상대방의 아카식 레코드에 기록된다. 이제 이것은 창조행위의 한 부분이 되었으며, 없었던 일로 처리될 수 없는 것이다. 그러나 에너지로 이루어진 존재들인 우리에겐 창조에 의해 다스려지는 에너지의 법칙(the Laws of Energy)을 통해 그 빚을 갚는 게 가능하다."

다음으로 에너지의 법칙을 자세히 설명하고 있다.

"일단 당신이 누군가를 살해했고 당신도 때가 되어 죽으면, 저승으로 가 있는 두 사람 모두 이제 더는 물질적 형태를 띠지 않는다. 당신이 진 빚은 오직 물질적 형태 속에서만 갚을 수 있는 것이므로, 저승에 있는 동안에는 아무런 일도 이 행동의 결과로서 일어나지 않게 된다. 그렇지만 일단 당신의 영체와 당신이 죽인 다른 사람의 영체가 다시 물질세계 속으로 돌아와 있으면, 그 빚은 청산될 수 있다. 당신들 둘이 반드시 서로 아는 사이일 필요도 없다. 단지 물질적인 세계의 같은 시간대에 존재하기만 하면 되는 것이다."

우리는 영적인 성장을 위해 끊임없이 배워나가는 영적인 존재다. 나와 다른 사람들이 하나라고 인식하기보단 너와 나라는 이분법적 사고로 생각하고 판단한다. 그러다 보니 이타심보다는 이기심이 더 크다. 사람들을 해치거나 폭력을 행사하는 일들은 이기심 때문에 벌어진다. 전생에 다른 사람에게 상처와 고통을 준 사람은 다음 생에 반드시 그에게 보상해야 한다. 상대에게 다양한 방식으로 보상하거나 상대에게 가했던 그대로 돌려받게 된다. 그래야 전생의 상대와 자신의 에너지 균형을 맞출 수 있다. 이 과정에서 우리의 카르마가 소멸한다.

우리는 지구에서 100년 가까운 삶을 산다. 이 시간은 결코 짧은 시간이 아니다. 영혼이 전생의 카르마를 소멸시키고 성장을 끌어낼 수 있는 너무나 중요한 기회의 시간이다. 어떤 사람은 짧은 삶을 사는 동안 이번 생에서 배우기로 한 교훈을 완벽하게 습득할 수 있다. 하지만 어떤 사람은 70, 80세 정도의 긴 인생을 살아야 자신이 배워야 할 교훈을 습득할 수 있다. 그러다 보니 사람마다 수명이 다른 것이다.

마지막으로 남들보다 더 오래 산다고 해서 영계에 갔을 때 더 큰 보상이 주어지는 것은 아니다. 반면에 짧은 생을 살았다고 해서 불이익을 당하는 것도 아니다. 각자 자신이 정한 수명만큼 살다가 영계로 넘어가 새로운 삶을 선택하는 기회를 얻는 것일 뿐이다.

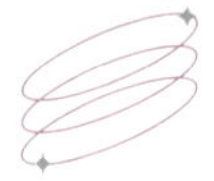

사후세계에서
부모와 형제를 선택한다

최근에 나를 찾아와 상담을 받은 사람들 가운데 기억나는 한 분이 있다. 40대 초반의 남성이었는데, 2년 사이에 부모님을 모두 암으로 떠나보냈다고 했다. 그동안 믿고 의지해온 부모님이 세상을 떠나자 앞으로 어떻게 살아가야 할지 막막하다는 것이었다. 게다가 두 분이 임종할 때까지 혼자서 병간호하며 맞닥뜨렸던, 고통스러워하던 부모님 모습이 뇌리를 떠나지 않는다고 했다. 부모님의 빈자리가 너무나 크게 느껴져 자주 우울감이 든다고 토로하면서.

나는 그분에게 우리는 모두 사후세계에서 부모를 선택하고 환생한다고 알려주었다. 사람들 대부분은 이런 말을 하면 말도 안 되는 소리 그만하라는 시선을 보내오는데 이분은 그러지 않았다. 그동안 힘든 마음을 추스르려 마음 공부도 하면서 영성과 사후세계를 다룬 책과 유튜브 영상들을 꾸준히 봐온 탓이다. 그래서 자신도 사후세계에서 그러한 과정을 거쳐 태어난다는 걸 알지만, 그래도 견딜 수 없이 힘들다고 말했다.

나는 그분에게 우리가 죽음 이후 사후세계에서 거치게 되는 과정들을 내가 아는 만큼 자세히 설명해주었다. 그러면서 비록 우리 눈에는 보이지 않는 고인분들이더라도, 우리가 그리워할 때면 그분들이 우리를 보러 찾아온다는 말도 덧붙여주었다. 가끔 내 곁에 마치 돌아가신 어머니나 아버지가 계신 것 같은 느낌이 드는 경우가 그렇다.

나는 매주 화요일 저녁마다 '의식성장 수업'을 진행하고 있다. 이 시간에 나는 온라인 줌 화상으로 의식성장과 영성, 사후세계, 내면의 변화, 잠재의식에 대해 강의한다. 우리가 의식 세계와 영성에 눈뜨게 되면 지금 자신이 겪고 있는 시련이 고통이 아니라 축복임을 알게 된다. 나에게 찾아오는 시련들은 영계에 있을 때 내가 계획했던 일들이기 때문이다. 사후세계에서 자신이 직접 부모와 형제를 선택하는 것처럼 말이다.

나는 책과 강의, 유튜브 채널, 〈라엘 – 금성에서 온 남자〉, 〈금성에서 온 남자 슈카이브〉를 통해 우리가 사후세계에서 부모와 형제를 선택한다고 말한다. 하지만 안타깝게도 사람들 대다수는 이 말을 믿지 않는다. 헛소리 정도로 치부한다. 이런 사람들의 공통점은 사람은 죽으면 끝이다, 환생 같은 건 없다고 말하는 현실주의자들이라는 것이다.

세상을 떠난 영혼들과 교신하는 능력이 있는 것으로 잘 알려진 영매 리사 윌리엄스가 있다. 그녀가 쓴 책《죽음 이후의 또 다른 삶》을 보면 사후세계에서 부모를 선택한다는 내용이 나온다.

"영혼이 태어날 즈음이면 당사자는 이미 자신이 선택한 부모의 삶의 여정을 살펴본 상태다. 영혼은 부모의 삶을 통제할 수는 없지만, 부모를 선택하는 행위를 통해 자신의 삶에 어느 정도 영향을 미칠 수는 있다. 영혼은 부모 중 하나가 어느 시점에 집을 떠날지, 세상을 떠날지, 아니면 아이를 다른 사람에게 맡길지…, 등등을 이미 알고 있다. 그러니 그는 자신이 깨우쳐야 할 교훈들을 깨우치기에 가장 적절한 환경을 선택한 셈이다.

그는 영혼 상태로 상영의 방에서 얻은 정보를 바탕으로 원하는 부모와 짝지어진다. 이곳에서 그는 다음 생을 계획하고 결정 짓는다. 비록 환생할 때면 자신이 스스로 지상의 생애를 모두 계 획했다는 사실을 의식 상태로 기억하진 못할 테지만 말이다."

이는 우리가 영계에서 상영의 방을 통해 미리 얻은 정보를 바 탕으로 자신에게 적합한 부모를 선택한다는 뜻이다. 다시 태어 나 살 때 자신의 영적 성장 성취에 필요한 부분들을 채워줄 부모 를 찾는 과정인 것이다.

어떤 아이는 태어나자마자 부모에게 버림받곤 다른 부모에 게 입양되기도 한다. 이런 삶도 이미 사후세계에서 자신이 선택 한 삶이다. 이번 삶에서 배워야 할 부분이 그런 과정에 들어 있 기 때문이다. 영혼이 지상으로 내려오는 목적은 다양한 체험을 통해 의식 상승, 영적 성장을 이루기 위해서다. 다만 영혼이 환 생하면 사후세계에서 스스로 계획했던 부분을 기억하지 못하게 될 뿐이다.

어떤 사람들은 내게 왜 사람마다 수명이 다르냐고 묻기도 한 다. 어떤 아이는 어린 나이에 세상을 떠나기도 하고, 어떤 아이는 엄마의 배 속에서 유산되기도 한다. 리사 윌리엄스의 인도령 조

시야는 아기가 유산되는 경우에 대해 이렇게 말한다.

"그대는 수태 이전부터 출산하는 시간까지 그대가 선택한 부모들과 계속 함께할 것이다. 그리고 나서 그대는 그들의 갓난아기로서 그들과 함께할 것이다. 그러나 출산 이전에는 어느 때든지 자신의 환생에 대한 준비가 되어 있지 않다고 판단되면 임신 중지를 요구할 수 있다. 장로들 또한 그대의 부모가 될 기로에 있는 두 사람의 진화 과정을 고려하며 이런 상황에 대해 조언해줄 수 있다. 그 두 사람은 부부로서 서로 맞지 않을 수도 있기 때문이다. 이런 이유로 인해 인간은 유산이나 사산을 경험하게 된다."

배 속 아기가 유산되는 경우는 두 가지다. 영혼이 부모를 선택했지만 환생할 준비가 되어 있지 않을 때 아기는 유산된다. 영적 세계에서 임신 중지를 요구하면 지상계에선 저절로 아기가 유산된다. 영혼이 부모로 선택한 두 사람이 아기를 낳아서 돌볼 준비가 되어 있지 않은 때는 자연유산 되거나 사산된다. 그 후 영혼은 적절한 때를 기다려 자신이 선택한 부모에게서 태어나거나 다른 부모에게서 태어날 수 있다.

많은 사람이 가족으로부터 스트레스와 상처를 받는다. 어떤 사람은 자신의 부모는 왜 부자가 아닌 가난뱅이일까 생각한다. 다른 아버지들은 애정이 넘치는데 왜 우리 아버지는 알코올 중독에다 폭력적인지 모르겠다고 생각하기도 한다. 과거에 나도 이처럼 생각하면서 우리 부모님을 미워하곤 했다. 하지만 이제는 확실히 안다. 미우나 고우나 자신이 사후세계에서 스스로 부모 형제를 선택했다는걸. 그들과 함께하기로 했다는 건 이번 삶에서 내가 배움을 얻는 데 그들이 필요한 존재이기 때문이다. 그렇다면 오히려 부모 형제에게 감사하는 마음을 가져야 하지 않을까.

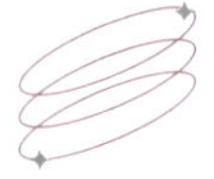

우리는 우리의 육신도
스스로 선택한다

"못생긴 저 자신이 너무 싫어요."

"얼굴에 자신이 없어 코로나19가 끝났는데도 마스크를 계속 쓰고 다녀요."

"외모 때문에 이성을 대할 때 자신이 없어요."

주변을 보면 의외로 자신의 외모에 불만을 가진 사람들이 많다. 얼굴도 예쁘고 키도 큰 연예인들을 마냥 부러워한다. 그러면서 이번 생은 망했지만, 다음 생엔 꼭 연예인 같은 외모로 태어날 것을 염원한다. 내가 이런 이들에게 꼭 해주고 싶은 말은, 이번 생에 자신의 외모에 콤플렉스를 느끼는 사람은 다음 생에도 역시 마음에 들지 않는 외모를 갖고 태어난다는 것이다.

나는 그동안 꾸준히 영성과 사후세계를 공부해왔다. 그리고 보통 사람들은 상상도 할 수 없는 사후세계를 체험한 바 있다. 그 체험을 통해 우리의 현재 외모는 이번 생을 살기 전 영계에서 스스로 선택했다는 깨달음도 얻었다. 지금의 외모가 이번 생을 사는 동안 영혼의 성장과 영적 진보에 도움이 된다고 판단했기 때문이다. 영혼은 육체를 입고 태어나면서 전생의 기억들을 망각한다. 그래서 자신이 원해서 선택한 외모임에도 불만이나 콤플렉스를 갖는 것이다.

대예언가 루스 몽고메리의 책《아무것도 사라지지 않는다》에는 이런 내용이 나온다.

"놀랍게도, 건강하고 정상적인 아이로 태어나기를 원하는 영혼만큼이나 많은 영혼이 불구의 몸으로 태어나기를 바란다. 이곳에서 알게 된 중요한 교훈 중 하나는 이런 것이다. 육체적 장애가 크면 클수록 영혼은 빨리 카르마 빚을 청산하고 더 빨리 영적 성장을 이룰 기회를 많이 잡을 수 있다는 것. 성공적으로 이겨내기만 하면 인생의 장애물들은 오히려 영적 진보의 디딤돌이 된다. 그래서 즐겁게 육체적 장애를 받아들이고 극복하는 영혼은, 지구의 기준에서 부족함 없이 살아가는 영혼보다 훨씬 더 빨리 성장하게 된다.”

그녀는 그 보상이 물질적 형태로 주어지는 것이 아니라, 영적 발전으로 나타난다고 말하며, 다음과 같이 설명한다.

“육체적 생애 동안 많은 장애를 극복하면 할수록 영혼의 환생 횟수는 줄어들게 된다. 즉, 모난 영적 개성 부분을 연마하기 위해 육체적 삶으로 돌아가야 할 필요가 줄어드는 것이다.”

어떤 사람은 태어날 때부터 선천적으로 장애를 갖고 태어난다. 이 역시 그 사람이 영계에 있을 때 여러 영적 마스터들과 함께 전생에 지은 카르마를 고려하며 지금의 신체를 갖기로 선택했기 때문이다. 전생에서 누군가의 신체에 장애를 입혔거나 그에 상응하는 카르마를 지은 사람이 이번 생에서 그 카르마를 소멸시키려고 일부러 장애인으로 태어나는 것이다. 지난 생에 너무나 외로운 삶을 살았던 사람이 이번 생에는 사람들의 관심과 애정을 받고 싶어 장애를 선택하기도 한다.

어떤 사람은 어린 아기일 때부터 정신적 질병을 겪기도 한다. 루스 몽고메리는 《아무것도 사라지지 않는다》에서 이에 대해 이렇게 설명한다.

"이런 경우는 생각조차 하기 싫은 불행한 상황이다. 이 영혼들은 그들을 뒤로 잡아끄는 카르마 빚을 청산하기 위해 필사적이다. 그들은 영적 진보를 위해 그러한 고통을 기꺼이 감수하려 든다. 때로 그들은 과거 생을 살며 저지른 잘못에 대한 속죄 수단으로 그런 병든 몸을 일부러 떠맡기도 한다. 즉, 그들이 과거 생의 심각한 죄를 진정 후회할 때 자발적으로 그런 육체를 택하기도 하는 것이다."

그러나 이런 경우의 임무는 대부분 고차원의 힘이 그 영혼에 부여한 것이다. 이 고차원의 힘은 자비로운 마음으로 병든 육체를 지정해주고 그 영혼이 과거의 잘못을 속죄하게 고통과 고난을 겪도록 하는 것이다. 이런 경우에는 그 영혼에게 선택권이 없다.

그동안 우리는 영혼의 성장을 위해 수많은 전생을 살았다. 하지만 현생을 사는 지금 우리에게는 전생에 대한 기억이 전혀 없다. 우리가 영계에서 다음 생을 계획할 때 전생에 지은 카르마 빚을 최대한 빨리 소멸시킬 수 있는 길을 선택했다는 걸 기억하지 못하는 것이다. 사후세계에 있을 때 영혼들은 육체적 장애가 크면 클수록 카르마 빚을 빨리 청산할 수 있다는 걸 잘 안다. 그래서 환생 이후 지상의 삶이 힘들고 고통스러울지라도 카르마를 소멸시키려고 일부러 장애를 안고 태어나는 것이다.

장애를 갖고 살아가는 동안 장애를 입은 그 사람은 신체가 건강한 사람이 쉽게 할 수 있는 일조차 인내를 가지고 해내야 한다. 삶을 사는 동안 수많은 불편함을 감수해야 한다. 영혼이 자신의 부족한 부분을 채우고, 모난 부분은 깎아내는 과정을 거치는 것이다. 그럼으로써 영혼은 영적 성장과 진보를 이루어가게 된다.

전생이 있다고
믿을 수밖에 없는 증거들

우리는 아직 미성숙한 영적 존재들이다. 영적 부분만 본다면 완벽하지만, 우리 스스로가 완벽하지 않다고 여겨 미성숙할 수밖에 없는 것이다. 그래서 의식을 저차원에서 고차원으로 상승시키고 영적 본성을 자각하려고 반복적으로 지구에 윤회하는 것이다. 지구라는 지상계에서 살아가는 인간의 삶은 너무나 복잡하고 고통스럽기만 하다. 이런 와중에 지구에서의 체험은 영혼들에게 영적으로 성장하는 기회를 제공한다. 우리가 반복해서 윤회하는 이유다.

아직도 많은 사람이 전생과 환생을 부인하고 있다. 죽으면 천국 또는 지옥에 영원토록 존재하게 되므로 전생이 있을 수 없다는 것이다. 하지만 세상에는 전생이 있다고 믿을 수밖에 없는 증거들이 차고 넘친다. 현재 수많은 과학자가 큰 관심을 가지고 전생과 환생을 연구하고 있다. 여러분에게 환생하지 않았으면 도저히 알지 못할 자신의 전생을 세세하게 기억하는 사례들을 몇 가지 들면서 전생 이야기를 해보겠다.

몇 년 전 나는 나의 전생에 대한 꿈을 꾼 적이 있다. 지금도 너무나 생생하게 기억난다. 꿈에서 나는 6, 7세 정도 된 남자아이였는데, 100년 전 미국의 서부영화를 떠오르게 하는 황량한 거리에 서 있었다. 그때 나는 학교에서 집으로 가려는 참이었다. 그런데 집으로 가는 길이 생각나지 않는 것이었다. 내 머릿속에선 지금 부모님이 나를 기다리고 계실 텐데, 하는 생각이 떠나지 않았다. 그러면서 집으로 돌아가지 못하면 어쩌나 하는 불안감이 엄습했다.

불안감이 커갈수록 어머니와 아버지가 너무나 보고 싶었다. 거리에는 마차들과 미국에서 처음 만든 자동차들 몇 대가 지나다니고 있었다. 내가 울먹이며 서 있던 그때 중절모를 쓴 한 중년 남자가 내게 다가왔다.

그는 내게 "얘야, 왜 그러고 서 있니?"라고 물었다. 나는 "학교에서 집으로 가는 길이 생각나지 않아서요. 부모님이 기다리실 텐데요"라고 떨리는 목소리로 대답했다. 나는 그에게 내가 사는 마을의 특징을 말해주었다. 그는 그곳은 너무 멀어 한참 가야 한다고 말하면서 안타까운 표정을 지었다. 나는 더 불안해졌고 다시는 부모님을 못 만날지 모른다는 두려움에 휩싸였다. 그때였다. 나는 우리 집 거실 벽에 걸려 있던 가족사진을 보게 되었다. 흑인 아버지와 흑인 어머니, 그리고 내가 함께 찍힌 가족사진이었다. 그 사진에 찍혀 있는 꼬불꼬불한 머리카락의 소년을 보며 나는 그가 나임을 한눈에 알아봤다. 부모님이 보고 싶어 사진을 쳐다보던 그 순간 나는 꿈에서 깨어났다.

꿈에서 깨어나 나는 한참을 울었다. 꿈에서 봤던 사진 속 흑인 부모가 내 전생의 부모라는 걸 알았기 때문이다. 그 부모님을 더는 볼 수 없다는 생각에 그리움이 사무쳐왔다. 내 옆에서 곤히 자고 있던 아내가 화들짝 놀라며 깼다. 그때 내가 이렇게 말했다고 한다.

"뉴올리언스로 가야 해! 뉴올리언스에 우리 부모님이 계셔!" 아내는 내 말에 깜짝 놀랐다고 한다. 그동안 나는 단 한 번도 뉴올리언스라는 단어를 입에 올린 적이 없었기 때문이다. 그리고 보면 나는 그 꿈을 꾸기 전까지 미국에 뉴올리언스라는 지역이 있다는 것조차 알지 못했다. 전생에 대한 꿈을 꾸고 나서야 뉴올리언스라는 단어를 입에 올린 것이다. 내가 100여 년 전 미국의 뉴올리언스에서 흑인 부모님과 살았던 까닭에 내 영혼 속에 그 지역 이름이 각인되었던 게 아닐까.

오래전 영국과 미국에서 기자로 활동한 조 피셔(Joe Fisher)의 저서 《환생이란 무엇인가》를 읽은 적이 있다. 그는 이 책에서 이렇게 말한다.

"환생주의자들은 흔히 이 지구를 훈련소에 비유한다. 우리는 이 훈련소의 생도(生徒)이며, 생과 사를 반복하며 계속 훈련소로 복귀한다. 그리고 우리는 학생용 가방을 메고 다니는데, 그 가방 안에는 수많은 전생을 겪으며 축적한 지혜와 경험, 그리고 개인적 기질이 담겨 있다. 그것은 영적인 가방이다."

나는 피셔가 표현한, 영혼들의 영적 성장을 위한 '지구 훈련소'라는 말이 너무 마음에 와닿는다. 훈련소에서는 다양한 체험을 통해 배움과 교훈을 얻게 된다. 그래서 우리가 사는 지구에서의 삶이 고달픈 것이다. 많은 배움을 얻으려 시련을 극복하는 과정을 겪어야 하기 때문이다. 피셔는, 우리는 환생하기 전 부모와 다양한 경험을 선택해 태어난다고 말한다. 또한, 그는 환생이란 수많은 생을 거쳐 영혼이 성장해가는 과정이라고 설명한다. 우리는 육신을 입은 불완전한 존재로 태어나지만, 완전함을 향해 나아간다. 그 여정 속에 미래의 씨앗을 뿌리는 환생이란 시간이 주어진다고 한다. 그의 말을 들어보자.

"사람은 태어나기 전 이미 자신이 무엇을 선택하고 있는지 안다. 그는 이렇게 말한다. '나는 이 부모, 이 경험을 선택하고 있다. 나는 이 삶 속으로 들어갈 것이다. 나는 절름발이가 될 것이고, 하나의 눈만 선택해 외눈박이가 될 것이다. 그리고 베나레스 거리에서 맞아 죽을 것이다. 이것이 바로 내게 필요한 것이다. 좋아, 나는 그곳으로 가겠다.'

그리고 나서 그는 세상 속으로 뛰어든다…. 이렇게 이 세상을 통과하면서 모든 일을 끝낸 다음, 그는 세상에서 벗어난다. 자, 이제 다음 단계는 무엇인가? 그에게 필요한 건 귀족이 되는 것이다. 그리고 그렇게 되려면 수천 년을 기다려야 한다."

《환생이란 무엇인가》를 보면 다음과 같은 놀라운 사례가 소개되어 있다.

1971년 8월의 어느 무더운 여름날, 작가인 프랭크 드 펠리타(Frank De Felitta)와 그의 아내 도로시는 로스앤젤레스에 있는 20만 달러짜리 집의 수영장 옆에서 편안히 쉬고 있었다. 그런데 갑자기 집 안에서 경쾌한 래그타임(Ragtime) 피아노 연주 소리가 들렸다. 집 안으로 뛰어 들어간 그들은 여섯 살배기 아들 레이먼드가 능수능란한 솜씨로 피아노 건반을 두드리는 광경을 보게 된다. 그들은 경악을 금치 못한다. 레이먼드는 이전에 한 번도 피아노를 쳐본 적이 없었기 때문이다. 그때 레이먼드가 소리쳤다.

"아빠, 내 손가락이 저절로 움직이고 있어요! 정말 신기하지 않아요?"

처음에 그들은 자신의 눈을 의심했다. 도로시는 "어떻게 레이먼드가 저럴 수 있지?"라고 놀라면서 아들의 곁으로 다가가려고도 하지 않았다. 프랭크는 그때의 놀라움을 이렇게 회상한다.

"차라리 그 애가 방 안을 둥둥 떠다니고 있었다면 그처럼 놀라지는 않았을 겁니다."

레이먼드는 팻츠 월러(Fats Waller)의 스트라이던트(Strident) 스타일의 재즈를 완벽하게 연주해냄으로써 미 전역의 인정을 받았다. 그런데 팻츠 월러는 이미 1945년에 고인이 된 음악가였다. 그래서 레이먼드의 아버지인 프랭크는 반신반의하면서도 환생을 믿게 되었다. 그가 보고 들은 바를 설명할 수 있는 유일한 열쇠는 환생밖에 없었기 때문이다. 그는 아들의 행동에 대해 이렇게 말했다.

"우리의 상식으로는 아들의 행동을 도무지 이해할 수 없었습니다. 그건 내 이해의 한계를 넘어선 것이었으니까요. 보통 아이들처럼 장난삼아 몇 번 피아노를 쳐본 것이 아니었어요. 그는 하루에 다섯 시간 이상 연습한 전문가처럼 능숙하게 연주하고 있었습니다."

그는 이 경험을 토대로 《오드리 로즈 : Audrey Rose》라는 소설을 썼다. 소설은 나중에 영화화되어 인기를 얻기도 했다.
이와 유사한 사례는 너무나 많다. 사례에 나오는 대로, 피아노를 한 번도 배워본 적 없는 여섯 살짜리 아들이 어느 날 능수 능란하게 피아노를 연주하는 일은 있을 수 없다. 하지만 아들이 세상을 떠난 팻츠 월러가 환생한 거라고 생각하면 이야기는 달라진다.

영혼은 전생에서 자신이 경험한 걸 다음 생에서 그대로 해낼 수 있기 때문이다. 전생에서 얻은 배움과 지혜는 영혼에 저장되기 때문이다. 그래서 다음 생에서 굳이 배우지 않더라도 무엇이든 기억해낼 수 있는 것이다.

세상에는 전생이 있다고 믿을 수밖에 없는 증거들이 너무나 많다. 전생이 있다, 없다 논쟁하는 건 무의미하다고 생각한다. 중요한 건 현생을 얼마나 의미 있게 사느냐는 것이다. 비록 힘든 환경에 놓여 있더라도 불굴의 의지를 갖고 그곳을 벗어나려 노력하는 사람들이 있다. 이런 사람들은 자신이 이번 생에서 배우기로 한 부분을 성실히 배워나가고 있는 셈이다. 반면 자신이 놓여 있는 환경을 불평만 하는 사람들은 이번 생에서 전생을 사는 사람들이라고 보면 된다. 그들은 이번 생에서도 아무런 배움을 얻지 못할 것이다. 그러면 다음 생에서도 역시 이번 생과 크게 다를 바 없는 삶을 살게 된다.

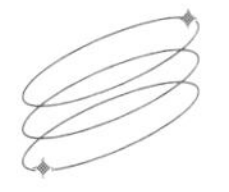

환생은
신의 선물이다

세상 사람 중 환생을 믿는 사람도 있고 그렇지 않은 사람도 있다. 눈에 보이지 않는다고 해서 공기가 없다고 생각하는 사람은 없다. 마찬가지로 우리가 지난 생을 기억해낼 수 없다고 해서 전생이 없다고 생각해선 안 된다. 이번 생을 살 수 있는 건 전생이 있었기 때문이다.

우주에 존재하는 모든 것들은 윤회한다. 인간과 동물은 물론 파충류와 곤충, 나무와 식물도 윤회한다. 심지어 물과 쇠붙이도 윤회하고 있다. 탄생이 있으면 소멸, 즉 죽음이 있을뿐더러 또 다른 탄생과 죽음이 뒤이어진다. 그렇게 돌고 도는 것이다. 그 과정에서 각자 성취하고자 하는 바를 이루게 된다. 그리고 궁극적으로는 고차원의 세계로 들어가게 된다.

많은 사람이 죽음을 두려워한다. 이들 가운데 또 많은 사람이 환생을 부정한다. 왜 그럴까? 내 생각에 죽음에 대해 제대로 알지 못하기 때문인 듯하다. 죽음에 대해 제대로 알고 있는 사람은 절대 환생을 부정하지 않기 때문이다.

어떤 사람은 두 번 다시 태어나고 싶지 않다고 말한다. 지금의 삶이 너무 힘들기 때문이다. 가족관계나 인간관계, 직장생활에서 오는 스트레스에다 경제적인 문제까지…. 사실 지구라는 행성은 너무나 복잡하고 고통스러운 세계다. 이곳에서 제정신으로 살아가기는 쉽지 않은 일이다. 그러다 보니 사람들 대부분이 제정신이 아니다. 자신이 이 세상에 태어나 원래 이루기로 한 목적을 망각한 채 눈앞의 일에만 신경 쓴다. 나이는 먹고 되는 일은 없고 노후까지 캄캄하니 말이다. 그 스트레스가 이만저만 큰게 아니다. 그래서 두 번 다시는 인간으로 태어나고 싶지 않다고 말하는 것이다.

죽음을 두려워하거나 환생을 부정하는 사람들은 환생이라는 시스템이 우리에게 주는 의미를 알지 못한다. 환생은 신의 선물이다. 우리에게 새로운 삶을 체험하게 해주기 때문이다. 전생에서 하지 못했던 일, 후회되는 일, 바로잡을 일 등이 있을 것이다. 이런 일들을 다음 생에서 할 수 있게 해주는 것이다. 이 얼마나 멋진 일인가! 그래서 내가 환생이 신이 우리에게 주신 최고의 선물이라고 말하는 것이다.

나는 사람들에게 《티베트 사자의 서》를 꼭 일독해보라고 권한다. 이 책이 우리가 죽고 나서 가는 사후세계가 어떤 곳인지, 그 과정을 자세하게 설명하고 있기 때문이다. 이 책은 전생에 대해 이렇게 말한다.

"만약 어떤 사람이 흘러간 날들의 무수히 많은 과거 생을 기억해내고자 한다면, 다시 말해 자신의 첫 번째 생, 두 번째 생, 세 번째 생, 네 번째 생, 다섯 번째 생, 열 번째 생, 스무 번째 생, 서른 번째 생, 마흔 번째 생, 쉰 번째 생, 백 번째 생, 천 번째 생, 또는 십만 번째 생, 나아가 우주 소멸의 시간만큼 무수한 생들과 우주 재생의 기간만큼 무수한 생들을, 또는 소멸과 재생의 기간 둘을 합친 것만큼 무수한 생들을 기억하기를 원한다면, 그리하여 그 장소에서 내 이름은 이러했고, 내 가족은 이러했으며, 내 신분은 이러했고, 내 생계는 이러했다, 내가 경험한 고통과 편안함은 이러했고, 내 수명은 이러했다, 그리고 거기를 떠나 나는 다른 장소에서 또 다른 몸을 얻었다, 그때 내 이름은 이러했고, 내 가족과 신분과 생계는 이러했으며, 내가 경험한 고통과 편안함은 이러했다, 또 내 수명은 이러했다, 그리고 거기를 떠나 나는 또다시 이곳에 태어났다."

이렇게 흘러간 날들에 내가 잠시 머물렀던 무수한 생들을 기억한다고 말할 수 있기를 원한다면, 이와 같은 자기 집중의 상태에서 마음을 어떤 목적에 붙들어 맬 때 그 목적은 이뤄질 것이다.

우리는 모두 육신이라는 옷을 입고 있는 영혼으로서 수천 번, 수만 번가량 윤회한다. 그 이유는 무수히 많은 삶을 살면서 의식 성장, 영적 진보를 이루기 위해서다. 우리의 영혼이 완성되면 우리는 그동안 망각했던 신성을 되찾고 신과 합일하게 된다. 우리가 윤회하는 이유는 지긋지긋하고 고통스러운 삶을 체험하기 위해서가 아니다. 그 반대다. 자기 자신이 무한한 신적 권능을 가진 존재, 사랑 그 자체인 존재임을 깨닫기 위해서다.

《티베트 사자의 서》를 보면 환생에 대해 이렇게 이야기하고 있다.

"불교와 힌두교에서는 죽음의 순간에 갖는 마지막 생각이 그 다음 환생의 성격을 결정짓는다고 믿는다. 인간은 죽음을 맞을 때 자신의 생각을 올바르게 통제할 수 있어야만 한다고 인도의 현자들은 가르친다.

인간은 육신을 버릴 때의 마지막 생각에 따라 다음의 삶을 얻으리라. 그의 생각이 몰두해 있는 그 상태를 그는 얻게 되리라. 우리의 과거 생각이 우리의 현재를 결정짓는다. 인간은 그가 생각하는 대로 된다. 〈법구경〉의 서두 부분에서 붓다는 말하고 있다. '우리의 모든 건 우리가 생각한 것의 결과다. 그것은 모두 우리의 생각에서 나온 것이다. 그것은 모두 우리의 생각으로 이루어져 있다. 인간은 제 마음속에서 생각하는 대로 되느니라.'"

쉽게 말해 우리의 숨이 끊어지는 그 순간이 너무나 중요하다는 것이다. 그 순간 갖는 생각이 다음 환생을 결정짓기 때문이다. 심장이 멎는 순간 불안해하거나 두려워하는 사람들이 있다. 이는 영혼의 세계에 대해 알지 못하기 때문이다. 두려운 마음으로 사후세계로 넘어가면 한동안 혼란 상태에 빠져 있게 된다. 심지어 어떤 영혼은 자신이 죽었다는 걸 인지하지 못하기도 한다. 그래서 자신이 아직도 인간인 줄 알고 인간적으로 사고하며 오랫동안 헤매는 것이다.

우리는 살면서 생각과 욕망을 통제할 수 있어야 한다. 생각과 욕망에도 좋은 것이 있고, 나쁜 것이 있다. 좋은 생각과 욕망은 좋은 행동으로 이어져 좋은 카르마를 짓게 된다. 반대로 나쁜 생각과 욕망은 나쁜 행동으로 이어져 나쁜 카르마를 짓게 된다.

인간으로 살면서 어려운 사람들을 돕고 선한 일과 인류에게 도움이 되는 일을 많이 한 사람은 윤회 속도도 느려진다. 특히 다음 생을 준비할 때 좀 더 고차원적으로 살 수 있는 삶을 계획하게 된다. 좋은 카르마를 많이 짓고, 나쁜 카르마는 짓지 않은 경지에 오르면 더는 윤회하지 않는 영적 마스터가 된다.

나쁜 카르마는 윤회 속도를 빠르게 한다. 다음 생에 자신이 전생에 저질렀던 행동의 대가를 고스란히 받도록 계획하게 된다. 나쁜 카르마를 계속 지으면 윤회의 수레바퀴를 멈출 수 없다는 걸 기억해야 한다.

개정판

죽음 이후 사후세계의 비밀

제1판 1쇄   2024년 1월 7일
제1판 3쇄   2024년 8월 20일
제2판 2쇄   2026년 1월 5일

지은이   슈카이브
펴낸이   권동희
펴낸곳   아이엠

출판등록   제2022-000043호
주소   경기도 화성시 동탄오산로 82
전화   070-4024-7286
이메일   no1_winningbooks@naver.com